PAPIER FRESSERCHEN
DIE BÜCHER MIT DEM DRACHEN

Impressum:

Alle Personen und Handlungen des Buches sind frei erfunden.
Ähnlichkeiten mit lebenden oder verstorbenen Personen sind
zufällig und nicht beabsichtigt.

Besuchen Sie uns im Internet:
www.papierfresserchen.eu

Mühlstraße 10, 88085 Langenargen

info@papierfresserchen.de

Erstauflage 2025

Druck: Bookpress, Polen

ISBN: 978-3-99051-356-9 - Taschenbuch
ISBN: 978-3-99051-336-1 - E-Book

Martina Meier (Hrsg.)

Damals ...

im Mittelater

Damals - Die Buchreihe

„Damals ...“ – inzwischen sind drei Bände der Reihe erschienen – ein vierter Band soll Ende 2025 erscheinen. Inzwischen haben wir zusammen mit den vielen engagierten Autorinnen und Autoren zahlreiche Geschichten über längst vergangene Zeiten zusammentragen können. Die Bücher sind über den Buchhandel, Amazon und den Verlag zu beziehen: **www.papierfresserchen.eu**

Inhalt

Die Autorinnen + Autoren

Achim Stößer
Andreas Herkert-Rademacher
Anja Apostel
Anke Elsner
Anna Wehmer
Bernhard Finger
Christina Reinemann
Christian Knieps
Christian Reinöhl
Doreen Pitzler
Dorothea Möller
Dörte Müller
Elke Riebow
Emma Summer
Franz Scholles
Hannelore Futschek
Helmut Blepp
Jens Richter
Juliane Barth
Luna Day
Marcel Streit
Manuela Klemenz
Mathias Büchner
Matthias Liebelt
Mona Lisa Gnauck
Nadin Kadner
Oliver Fahn
Oliver Miller
Pamela Murtas
Rasmus
Susanne Weinsanto
Vanessa Boecking
Volker Liebelt
Wolfgang Rödig
Zero Alala

… und demnächst in dieser Reihe:

Damals … in Ägypten

Einsendeschluss 15. November 2025

Begeben wir uns wieder einmal auf eine Zeitreise. Dieses Mal führt sie uns ins alte Ägypten.

Reisen wir also ins mystische Reich der Pharaonen, zu den Pyramiden und der hinreißenden Kleopatra. Treffen wir bei ihr Caesar? Wie fühlte es sich an, im Schatten der Sphinx zu leben? Welche Geheimnisse verbargen die Priester in den Tempeln? Und welche Abenteuer warteten am glitzernden Nil?

Ob Historie, Mythologie oder Fantasie – erzähle deine Geschichte über das alte Ägypten! Lass uns eintauchen in eine Welt voller Mysterien, Intrigen und unvergesslicher Charaktere. Alle Genres willkommen.

Die besten Geschichten finden ihren Platz im 4. Band unserer Anthologie-Reihe „Damals …“ Mitschreiben können wieder Autor*innen jeden Alters. Schreibt uns also ins alte Ägypten! Das Buch soll Ende 2025 erscheinen.

Einsendeschluss:

15.11.2025

Für alle Altersgruppen

7500 Zeichen

Bilder und Illustrationen möglich (Bildformat jepg)

Caspar

Man schrieb das Jahr 1350, ein Jahr, das als eines der schwärzesten in die Annalen der Stadtgeschichte einging – denn überall wütete die Pest.

Zunächst hörte man nur von einzelnen Kranken, deren Beulen beim Aufplatzen einen Unheil verkündenden Gestank ausströmten, doch bald schon wurden es immer mehr, die stöhnend in den Kammern lagen und innerhalb kurzer Zeit elendiglich starben. Während Reiche aus der Stadt flohen, kamen andersherum – einem alten Instinkt folgend – immer mehr Landleute, um dort Schutz zu suchen. Welch ein Trugschluss! Ihr Leben endete im Schatten der Mauern genauso rasch wie auf dem Hof.

Caspar hatte trotz der schrecklichen Vorkommnisse nicht weggehen wollen, weil seine Familie schon, seit er denken konnte, an diesem Ort lebte. Voller Schmerz erinnerte er sich zurück an die letzten Monate: Als Erste traf es seine Mutter. Den einen Tag stand sie noch lachend an der Feuerstelle, am nächsten schüttelte sie ein hohes Fieber. Sie schrie immer wieder auf, da ihr Kopf schier zu zerspringen drohte und die Glieder wie unter der Folter schmerzten. Alle versuchten, ihr Leiden zu lindern. Selbst den Bader hatte man kommen lassen, der durch einen Aderlass Abhilfe schaffen wollte. Doch umsonst.

Wenn er doch nur gewusst hätte, woran es lag, dass plötzlich so viele von dieser unheimlichen Krankheit befallen wurden. Lag es an der Konstellation von Mars, Jupiter und Saturn oder sollten es doch schlechte Winde sein, die sich durch die Gassen der Stadt stahlen? Immer öfter hieß es auch, die Juden seien schuld an dem ganzen Elend. Niemand konnte sich erklären, wo die Ursache lag. Die Priester geiferten gegen die Sünde als Wurzel allen Übels, sprachen von der Strafe Gottes, doch wenn man genug Münzen besaß, dann gab es ja noch die Ablassbriefe, um sich freizukaufen. Aber sterben musste trotzdem jeder, egal ob arm oder reich.

Nach der Mutter legten sich sein Vater und die drei Geschwister nieder. Der Bader versuchte, durch Einläufe das Übel zu beseitigen, was allerdings keinerlei Linderung brachte. Er selbst fühlte jedes Mal Ekel aufsteigen, wenn er die Strohlager säuberte. Ein mit Essig besprengtes Tuch vor dem Gesicht hielt den übelsten Gestank ab, doch ob es ihn auch vor Ansteckung bewahrte – er hoffte es.

Nach nur kurzer Zeit musste er auch den Rest seiner Familie auf den Pestkarren werfen lassen, der sie zu einem Massengrab vor den Toren der Siedlung brachte. Dort mochten sie in Frieden ruhen. Er war nun verpflichtet, einen weißen Stock zu tragen, und sein Haus zeigte wie so viele einen Strohkranz an der Tür; der schwarze Tod wohnte in seiner Heimstatt.

Warum er selbst noch immer verschont blieb, dafür gab es keine Erklärung. Vielleicht lag es an seiner heimlichen Liebschaft mit Sarah, die mit ihrer Familie im Judenviertel wohnte. Man sagte ihrem Volk ja Zauberkräfte nach. Noch am Abend wollte er sich mit ihr treffen. Allerdings befielen ihn immer häufiger Zweifel, ob sein Tun richtig sei. Vielleicht war sie wirklich eine Magierin. Seine anfängliche Zuneigung wich immer mehr einer unbestimmten Furcht.

Als der Türmer die neunte Stunde blies und der Mond seine bleiche Sichel am Himmel zeigte, wartete er am Eingang zum Judenfriedhof. Da kam sie schon, sich angstvoll umblickend, die Kapuze weit ins Gesicht gezogen. Sie klammerte sich verzweifelt an sein fadenscheiniges Wams, während Tränen in ihre Augen traten. Bevor er jedoch etwas sagen konnte, hörte er schon Schritte und eine zornige Stimme schrie: „Du nichtsnutzige Tochter, wie kannst du es wagen. Und wehe dir, du räudiger Halunke, das wirst du büßen!“ An dieser Stelle griff der ihm unbekannte Mann den Arm des Mädchens und riss es laut schimpfend mit sich fort.

Caspar machte schreckensbleich kehrt. Was hatte der Jude mit seiner Drohung gemeint? Während er darüber nachgrübelte, prallte er an einer Ecke plötzlich mit dem Nachtwächter zusammen, der einen lauten Fluch ausstieß. „Guck, wo du hinläufst, Bürschchen! Was tust du eigentlich hier noch so spät? Es ist gefährlich, sich um diese Zeit herumzutreiben, der Tod lauert überall! Aber heute Nacht werden wir das Übel ausrotten. Mein ist die Rache, spricht der Herr.“ Hastig drehte sich der Mann um und verschwand in der Dunkelheit.

Verwirrt schaute Caspar hinter ihm her. Wahrscheinlich hatte er die Juden gemeint, von denen es immer wieder hieß, sie trügen die Schuld an der Pest. Sollte er sie warnen? Er schüttelte den Kopf. Besser nicht, lieber nicht in irgendwelche Streitereien geraten. Erschöpft schleppte er sich zurück in seine kleine Hütte.

Doch nur wenige Minuten später vernahm er wütendes Geschrei, wobei immer wieder das Wort „Mörder“ ertönte. Als er aus der Tür schaute, sah er die Menschen zum Judenviertel strömen, bewaffnet mit Forken und Schaufeln. Ein roter Lichtschein erhellte bereits den Himmel: Das Judenviertel brannte. Entsetzt riss er die Augen auf. Was hatte er getan? Vielmehr nicht getan? Aber vielleicht stimmte es ja, dass die Pest verschwand, wenn …

Verstört sank Caspar auf die Knie. Seine Stirn glühte. Er griff zur Geißel, um wie an den Tagen zuvor durch den Schmerz Vergebung für seine Sünden zu erlangen und der *Strafe Gottes*, wie die Prediger die Pest nannten, zu entgehen.

„Heiliger Sebastian, steh mir bei …“ Während sein magerer Oberkörper vor und zurück wankte, begannen die Striemen auf dem Rücken wieder zu bluten. Und in seiner Leiste kündigte ein leises Pochen die erste Pestbeule an ...

Anke Elsner, *Münster, verheiratet, zwei Söhne; Studium der Germanistik, Soziologie und Publizistik an der WWU; MA 1985; Familienzeit; ab 2002 Dozentin für „Deutsch als Fremdsprache“; seit 2013 Autorin; Nominierungen in Schreibwettbewerben; 1. Preise, u. a. Gewinnerin der „Mölltaler Schreibader“(Heiligenblut, 2019); über 90 Publikationen in Deutschland, Österreich und der Schweiz; Lesungen und Auftritte solo und als Mitglied der Gruppe „AG Sargnagel“; eigene Kurzkrimi-Anthologie „Doppelkopp“. ankeelsner.wordpress.com.*

... auf, dass sie brenne

Säufer und andere Tagediebe sind wie immer die Ersten am Richtplatz. Ihnen folgen die Gaukler, dann die Bettler, Krüppel hintan. Und während die Stadtleute herbeiströmen nach dem Mittagstisch, suchen sich auch die Kutschen der Altvorderen des Magistrats und die des Klerus ihren Weg, eskortiert von den Stadtwachen, die die Menge auseinandertreiben. Eine Prozession von Jungpfaffen mit Tonsur bildet die Nachhut mit viel Amen und Hosianna.

Eine öffentliche Tortur schauen sich viele Bürger ab und zu einmal an, aber bei den Verbrennungen ist Umtrieb wie an Feiertagen. Alle freuen sich, wenn das Böse aus der Welt verbannt wird. Sie rufen dann Bravos in die Flammen und applaudieren, wenn die Hexe schreit. Und sie wollen das Luder lange schreien hören. Deshalb verfluchen sie den Scharfrichter, wenn der Scheiter vor der Gaudi feucht geworden ist. Die Delinquenten ersticken dann zu schnell im Qualm und verbrennen ohne Mucks. Dabei sollen sie doch um ihr Seelenheil flehen und den Herrn um Gnade bitten angesichts des Todes.

Ich bin ein guter Christenmensch, aber ich glaube nicht alles, was die Pfaffen erzählen. Als ich Kind war, haben sie mir Angst gemacht mit dem Fegefeuer. Meine Seele sollte rein bleiben, mein Leben gottesfürchtig. Doch dann kam der Krieg übers Land. Kaum zum Mann geworden, war ich mittendrin. Ich sah Scheunen brennen, Ställe mitsamt dem Vieh und versperrte Kirchen, in deren Innern Menschen verzweifelt schrien, bis der Rauch sie verstummen ließ und die Flammen sie in verkohlte Gliederpuppen verwandelten. Als Soldat war ich einer von denen, die Feuer legten. Wen es fraß, war mir so egal wie meinen Kameraden, die sich an den Resten wärmten. Ich habe nicht viel gelernt dabei, nur, dass nach Siegen die Schnapsrationen größer waren und die Weiber williger. Fürs Leben mitgenommen habe ich die Erkenntnis, dass Sünden nicht ausgelöscht werden, indem man die Sünder verbrennt. Jeder ist der anderen Heimsuchung und wird es bleiben, solange wir auf Erden wandeln.

Heute wird das Urteil an Julchen vollstreckt. Das ist eine besondere Darbietung fürs Volk, denn Julchen ist stadtbekannt. Sie war bis zu ihrer Ergreifung die beste Zuckerbäckerin. Jeder hat schon einmal ihre Leckereien gekostet, ihr Marktstand ist früher stets von geneigten Käufern umringt gewesen. Damit hat es nun ein Ende.

Ich erinnere mich noch genau, wie verdrießlich das Frühjahr gewesen ist. Es hat dauernd geregnet. Die alten Häuser waren feucht, die Leute übel gelaunt. Wer es sich leisten konnte, blieb morgens länger im klammen Bett und trank abends heißen Wein vorm Schlafengehen.

Julchen verrichtete in diesen Wochen fleißig ihr Tagewerk, um zum anstehenden Ostermarkt genügend Ware zu haben. Die Arbeit ging ihr leicht von der Hand, denn am Backofen war es mollig warm, und sie freute sich auf den guten Schnitt, den ihr das honigsüße Naschwerk bringen würde.

Eines Morgens fand der Fromminger, Julchens Nachbar zur Rechten, seine einzige Kuh tot im Stall, offenbar elend verreckt in der Nacht, mit Schaum vorm Maul. Julchen brachte ihm ein paar Zimtschnecken zum Trost.

Nur wenige Tage später gingen die Schweine der Kattlers, Julchens Nachbarn zur Linken, ein. Der Verlust stürzte die Familie in große Not, denn die Viecher waren ihr einziger Besitz gewesen. Julchens Buttergebäck nahmen sie dankbar an.

Als dann aber gegenüber bei der alten Luis die Hühner faule Eier legten und bald danach starben, wurden die Leute unruhig. So viel Unglück war nicht normal, schon gar nicht in der gleichen Gasse. Da musste der Teufel die Hand im Spiel haben! Und diese Mutmaßung fand bald darauf Bestätigung durch eine anonyme Anzeige, die im Rathaus einging. Julchen habe die Tiere verhext aus reiner Boshaftigkeit, hieß es darin. Sie sei eine Satansdienerin und wolle Elend über die Stadt bringen. Landsknechte weckten sie bei Sonnenaufgang und nahmen sie fest. Trotz all ihrer Unschuldsbeteuerungen wurde sie umgehend zum Hexenturm gebracht.

Zuerst leugnete sie wie alle anderen, aber als man ihr die Werkzeuge für die peinliche Befragung zeigte, bestätigte sie in heller Angst jeden Vorwurf des Richters. Trotz des Geständnisses wurden ihr die Daumenschrauben angelegt, ihr rechter Fuß im Schraubstock gequetscht und die Mundbirne brach ihr die Zähne aus. Die Folterknechte müssen eben auf ihre Kosten kommen. Jeder Akt der Tortur bringt ihnen ein paar Münzen mehr.

Jetzt rollt der Schindkarren mit dem Käfig heran. Julchen klammert sich verzweifelt an die Gitter, als die Soldaten sie ins Freie zerren. Es nützt ihr nichts. Zwei kräftige Burschen packen sie unter den Armen und schleppen sie zum Scheiterhaufen. Dort wird sie an den Pfahl inmitten des Reisigs gebunden.

Da steht sie nun in ihrem Büßerhemd, dreckig und blutverschmiert. Ihr einst süßer Mund nur noch ein schwarzes Loch, die Augen angesichts des Todes stumpf geworden. So hätte es nicht enden müssen! Aber warum hat sie mich auch abgewiesen? Ich habe sie doch beschenkt mit Blumen und Tüchern, habe sie auf Knien meiner Liebe versichert. Einen Hundsfott hat sie mich da genannt. Ekeln würde sie sich vor mir und meinem schändlichen Handwerk. Mit Geschimpfe und Flüchen hat sie mich von ihrer Schwelle gejagt. Nur deshalb habe ich doch nächtens das Vieh ihrer Nachbarn vergiftet. Und nur deshalb habe ich sie bei der Obrigkeit angeschwärzt. Die Schmach saß einfach zu tief. Ich musste meine Rache haben.

Das Urteil hat der Richter schnell verlesen, aber der Oberpfaffe betet wieder ewig. Er genießt diese Auftritte, steht da in vollem Ornat und leiert seine Verse herunter. Der Menge merkt man die Ungeduld an. Sie wollen eben ihr Spektakel haben. Mittlerweile strahlt auch die Sonne gnadenlos vom Himmel. Ich schwitze wie ein Schwein unter der schweren Ledermaske. Gott sei Dank, jetzt gibt der Domprobst endlich das Zeichen, und ich greife mir die Pechfackel, um das Reisig zu Julchens Füßen zu entzünden.

Helmut Blepp, *geboren 1959 in Mannheim, selbstständiger Trainer & Berater (Arbeitsrecht); lebt in Lampertheim: vier Lyrikbände, zahlreiche Veröffentlichungen in Anthologien und Magazinen; Mitglied GZL e. V., Joachim Ringelnatz-Verein e. V., Gruppe 48 e. V.*

Der Mann mit der Feder am Hut

Im Mittelalter lebte ein Mann,
der hatte grüne Klamotten an.
Eine Feder zierte den Hut,
er machte Menschen überall Mut.

Robin Hood, Beschützer der Armen,
kannte mit Reichen kein Erbarmen.
Sherwood Forest, hier war er zu Haus.
Kannte sich überall supergut aus.

Gesetzesbrecher und mutiger Mann
zeigte im Kampfe, was er so kann.
Mit Pfeil und Bogen konnte er zielen
und den Reichen übel mitspielen.

Maid Marian gehörte sein Herz
und doch traf sie oft ein großer Schmerz.
Sie pflegte die Wunden, die er erlitt,
wenn er des Nachts durch dunklen Wald ritt.

Heute noch wird er verehrt und besungen,
er macht viel Eindruck auf wilde Jungen.
Seine Geschichten in Büchern geschrieben,
wir werden ihn für immer sehr lieben.

Dörte Müller *(geboren 1967) schreibt und illustriert Bücher für Kinder. Robin Hood Filme sieht sie gerne in Schwarz-weiß.*

Der Aufstieg des Schmieds von Ravensbrück

Im späten 12. Jahrhundert, in einem kleinen, rauen Dorf namens Ravensbrück, lebte ein Schmied namens Berengar. Ravensbrück lag an einer wichtigen Handelsstraße, die durch die zerklüfteten Berge des Königreichs führte. Die Bewohner des Dorfes waren hart arbeitende Menschen, deren Leben von der unaufhörlichen Arbeit in den Steinbrüchen und auf den Feldern geprägt war.

Berengar war bekannt für seine außergewöhnlichen Fähigkeiten am Schmiedefeuer. Seine Werkstatt war das Herz des Dorfes, wo er nicht nur Hufeisen und Werkzeuge schmiedete, sondern auch Waffen für die örtlichen Ritter und Soldaten. Die Schmiede war ein Ort des Handwerks und der Gemeinschaft, wo Geschichten erzählt und Pläne geschmiedet wurden.

Eines Tages erreichte eine düstere Nachricht das Dorf: Der örtliche Lord, Baron Falkenberg, war gestürzt worden, und ein benachbarter Feudalherr, Graf Wulfgar, hatte die Macht an sich gerissen. Graf Wulfgar war ein ehrgeiziger und skrupelloser Mann, der die umliegenden Dörfer mit schweren Abgaben und strengen Kontrollen belastete. Unter seiner Herrschaft geriet Ravensbrück in eine Zeit großer Not.

Berengar, der stets loyal zu Baron Falkenberg gewesen war, entschloss sich, dem neuen Herrn entgegenzutreten und das Dorf zu unterstützen. Er wusste, dass dies eine gefährliche Unternehmung war, doch sein Gefühl der Pflicht und sein Glaube an Gerechtigkeit trieben ihn an. Zusammen mit einigen mutigen Dorfbewohnern schmiedete er Pläne, um den Einfluss von Graf Wulfgar zu untergraben.

Mit einem geschickten Plan und unter dem Deckmantel eines einfachen Handwerkers begann Berengar, geheime Rüstungen und Waffen zu schmieden, die sich durch besondere Merkmale auszeichneten. Diese Rüstungen waren nicht nur besonders widerstandsfähig, sondern trugen auch geheime Zeichen und Vorrichtungen, die Berengar selbst entwickelt hatte, um die Angreifer im Kampf zu überlisten.

Die Dorfbewohner, angeführt von Berengar, organisierten heimliche Treffen und bereiteten sich auf einen Aufstand vor. Es war eine Zeit der intensiven Vorbereitung, in der jeder im Dorf eine Rolle spielte – vom alten Kräuterkundigen bis hin zu den jungen Bauern. Die Schmiede von Berengar wurde zum Zentrum dieser geheimen Operationen.

Eines Nachts, als die Sterne am Himmel funkelten und der Mond über die Landschaft wachte, führte Berengar eine Gruppe von Dorfkämpfern und treuen Gefolgsleuten zu einem versteckten Lagerhaus, das als Vorratslager für die Truppen von Graf Wulfgar diente. Mit großer Präzision und Mut griffen sie das Lagerhaus an, zerstörten Vorräte und befreiten einige gefangene Dorfbewohner.

Der Überfall war ein entscheidender Moment. Er schwächte die Versorgungslinien von Graf Wulfgar erheblich und sorgte für Chaos in den Reihen seiner Soldaten. Während der Unruhen konnte eine Gruppe von Dorfbewohnern das nahe gelegene befestigte Hauptquartier des Grafen erreichen und eine entscheidende Nachricht überbringen, die Baron Falkenberg zurück an die Macht brachte.

Die Rückkehr des Barons brachte Erleichterung und Freude nach Ravensbrück. Unter seiner erneuten Herrschaft wurde das Dorf wieder aufgebaut und die harte Arbeit und der Mut der Menschen wurden belohnt. Berengar, der Schmied, wurde als Held gefeiert. Seine Fähigkeiten und sein Mut hatten nicht nur die Versorgung des Dorfes gesichert, sondern auch den Lauf der Geschichte in der Region verändert.

Das Dorf Ravensbrück und seine Menschen lernten, dass Tapferkeit und Zusammenhalt selbst in den dunkelsten Zeiten Hoffnung und Veränderung bringen können. Berengar setzte seine Arbeit fort, doch seine Schmiede war nun ein Ort der Freude und des Gedenkens, ein Symbol für die Stärke der Gemeinschaft und den unerschütterlichen Geist des Widerstands.

Emma Summer

Vergebliche Belagerung

Anno Domini 10. Mai 1474

Missmutig schreitet der Vogt von Ahrweiler Richtung Kirchplatz. Seine Grütze zum Frühstück servierte die unerfahrene Magd angebrannt. Seine geschickte Marta war beim Angriff am Ostermontag beim Gang zum Brunnen durch eine steinerne Kanonenkugel leblos liegen geblieben. Lange würde Ahrweiler trotz seiner starken Mauern und vier mächtigen Stadttoren nicht mehr standhalten. Erzbischof Ruprecht steht mit einem starken Heer vor den Toren. 1000 Einwohner und nur 200 wehrfähige Männer können schwerlich noch Wochen die 1800 Meter lange Mauer verteidigen, ohne dass Ruprecht eine Bresche schlagen kann.

In der fünften Belagerungswoche werden auch schon einzelne Lebensmittel knapp. Freilich täuscht sich der Feind, wenn er glaubt, Ahrweiler aushungern zu können. Es gibt innerhalb der Mauern einen ergiebigen Trinkwasserbrunnen. Der Mühlenteich, eigentlich ein Kanal, der durch den gesamten Ort fließt, führt leider kein Wasser mehr. Dennoch gedeiht in den Gärten, die zu fast jedem Haus gehören, schon Weißkohl, Fenchel, Erbsen und Feldsalat. Die Hühner und Schweine ziehen wie zu Friedenszeiten durch den Ort, um im Unrat nach Nahrung zu suchen. In der Zehntscheuer lagern noch Dutzende Scheffel Hirse, Emmer und Gerste. Roggen ist leider aufgebraucht, sodass der Vogt von seinem beliebten, knusprigen Roggenbrot in diesen Kriegszeiten nur träumen kann.

Freilich steigen die Kornpreise innerhalb der Mauern sprunghaft an. Hunger wird der ständige Begleiter der Knechte und Mägde. Besonders die Kinder der Stadt leiden unter dem Nahrungsmangel. Ohnehin waren die Hälfte der Tage Fastentage. Fleisch war dann verboten, genauso wie Milch, Käse und Eier. Besonders vor Ostern ist die Fastenzeit streng und nur eine Mahlzeit pro Tag erlaubt. Mehr ist Völlerei, also Sünde. Auf Frühstück wird verzichtet. Abendliche

Mahlzeiten werden mit Trunkenheit und lüsternem Verhalten in Verbindung gebracht.

Die Mauern und Tore sind zwar stark beschädigt, halten jedoch dem feindlichen Feuer stand. Das kleinstädtische Leben geht seinen gewohnten Gang. Was im Haus nicht gebraucht wird, fliegt auf die Straße oder in den städtischen Kanal, den Mühlenteich. Obgleich die Weinberge und Felder von der Soldateska zerstört sind, hinter den Mauern ist man sicher. Die Getreidevorräte reichen noch viele Wochen für die tägliche Grütze. Jeden Morgen bringen die Frauen und Mägde ihr in den Häusern bereitetes Dinkelbrot ins Backhaus an der Mauer zum Ausbacken. Neben dem Backhaus steht das Brauhaus, das nach wie vor aus dem hauseigenen Brunnenwasser in großen Kesseln Bier braut. Nur diese beiden Gebäude dürfen an der Mauer stehen wegen der Feuergefahr beim Backen und Brauen.

In der Stadtmitte steht die Laurentiuskirche auf ihrem festen Fundament. Zur Nordseite sind nun auch einige Gräber für die gefallenen Bürger ausgegraben. Zwar muss der große Markt wegen der Belagerung ausfallen, aber zweimal die Woche wird noch ein Markt für die Eingeschlossenen gehalten.

An die zwanzig Geistliche, Pfarrer, Mönche und Prälaten beten täglich für die Bewohner um Gottes Beistand. Von der Kirchenempore geht ein direkter Steg zum Rathaus, wo die Ratsherren tagen. Unter sorgenvollen Gedanken erreicht der Vogt das Rathaus, das im Schatten der mächtigen Laurentiuskirche steht. Die Prümer Äbte im zwei Ochsenkarrentage entfernten Kloster können ihm jetzt auch nicht helfen. Damals, um 1300, hatten sie die Kirche, eigentlich zu groß für die nur 1000 Seelen umfassende Gemeinde, innerhalb von 40 Jahren aufgebaut. Als der Vogt den Ratssaal betritt, sind bereits alle Ratsherren und Ritter versammelt. Nach ausgiebiger Begrüßung ergreift der Vogt das Wort.

„Geehrte Ratsmitglieder, unsere Stadt wird bereits die fünfte Woche belagert. Erzbischof Ruprecht hat nun schon acht Tonnen Pulver und eine Tonne Armbrustpfeile auf unsere Stadtmauer und die vier Stadttore abgefeuert, vergebens. Obwohl es einen großen Blutzoll bei uns tapferen Verteidigern wie auch bei den verbrecherischen, gottlosen Angreifern gegeben hat, halten unsere Mauern. Nun versucht man, uns auszuhungern. Aber wir haben unsere Gemüsegärten, einige Schweine und Hühner finden noch genügend Fressbares im Unrat unserer Straßen. Wie können wir glaubhaft unsere Belagerer überzeugen, dass wir noch Essbares für viele Wochen in unserer Zehntscheuer haben?"

Nach einigem ratlosen Nachdenken ergreift der Zunftmeister der Fassbinder das Wort: „Wir haben doch am Ahrtor die große Fensteröffnung, sehr gut von allen Belagerern einsehbar. Wir sollten dem räudigen Haufen vorführen, wie gut genährt wir weiterhin sind."

„Wie soll dies passieren?", ruft der Meister der Fleischerzunft dazwischen.

Der Fassbinder antwortet: „Wir suchen die Frau mit dem dicksten Po. Diese setzt sich ans Fenster, lüftet ihr Gewand und präsentiert ihren dicken Arsch."

Unter großem Gelächter meldet sich der Braumeister: „Meine Frau hat ein dickes Hinterteil. Ich erlaube aber nicht, dass alle lüsternen Mannsbilder ihren Po sehen."

Der Wagenbauer macht einen Vorschlag: „Wir suchen unter den Wäscherinnen. Die zeigen täglich ganz schamlos ihre dicken Waden und nackten Arme."

Der erste Ratsherr sagt unter lautem Gelächter: „Dies ist ein hervorragender Vorschlag." Zum Büttel gewandt: „Ruft eines der Waschweiber, die gerade am Brunnen waschen, den Mühlenteich haben ja die Ruprecht-Knechte trockengelegt, schnell herbei."

Zwanzig Minuten später erscheint Elisabeth, noch nass und erhitzt, im Rat. Sie ist die mutigste unter den Waschfrauen. „Meine Wäsche bleibt liegen, sagt schnell Euer Anliegen."

Der Vogt meldet sich: „Elisabeth, sagt mir geschwind, „habt Ihr den größten Hintern oder ein anderes Waschweib?"

„Mein Alter sagt immer, ich habe einen Hintern wie ein Suppenkessel, aber die Maria hat den größten Arsch."

„Dann gehe und rufe mir die Magd."

Wenig später erscheint Maria schnaufend, schwitzend und durchnässt vom Waschtrog. Der Vogt erklärt: „Waschfrau Maria, Ihr könnt einen wichtigen Teil zum Sieg unserer geliebten Stadt beitragen. Wir wollen den räuberischen Kurkölnern zeigen, dass wir wohlgenährt sind und keineswegs Hunger leiden. Daher haben wir dich ausgesucht, weil du das größte Hinterteil hast, den Beweis anzutreten. Aber nun hebe dein Gewand, damit wir prüfen, ob dein Arsch wirklich so trefflich ist."

„Mein Po ist immer noch gewaltig, aber weniger dick als in Friedenszeiten. Wir müssen doch alle fasten, obwohl Ostern schon lange vorbei ist. Aber das Verlangte ist doch unanständig. Meinen Po darf nur mein Albrecht sehen“, sagt züchtig das Waschweib.

„Als Pfarrer dieser Stadt erteile ich dir die Absolution.“

„Außerdem erhältst du aus dem Stadtsäckel einen Silbertaler“, ergänzt der Vogt.

Daraufhin bückt sich die Magd und hebt mit großem Schwung ihr Gewand. Wie üblich trägt die Wäscherin kein Unterkleid, sodass ihr weißer Arsch aufblitzt. Die Präsentation überzeugt den Rat. „Oh, ah, in der Tat ein gewaltiger Arsch“, tönt es von allen Herren. Der Rat beschließt einstimmig, gleich morgen den Versuch zu starten.

Am nächsten Tag ist schönstes Frühlingswetter. Die Sonne lacht genau auf das Ahrtor, wo das Schauspiel aufgeführt werden soll. Ein Dutzend Angreifer ist halbwegs versteckt gegenüber dem dreißig Meter breiten Wassergraben postiert. Sie lauern auf eine Gelegenheit, den einen oder anderen Wachsoldaten mit der angelegten Armbrust zu beschießen. Langsam wird das Waschweib die Turmstufen zur Fensteröffnung etwa in der Mitte des größten Tores, Ahrtor genannt, geführt. Sie hat sich am Morgen, ohne ihr Gewand abzulegen, am Brunnen gründlich den Po gewaschen. Ihre Gefährten von der Waschweiberzunft haben ihren Hintern mit glänzendem Öl eingerieben. Am Fenster angekommen, schaut Maria zunächst nach den Angreifern, die auf das Ahrweiler Weib aufmerksam werden.

Schon dreht sie sich behände um und hebt blitzschnell ihre Gewandung bis zur kaum erkennbaren Taille, um lang andauernd ihren Allerwertesten auszustellen. Überrascht verlassen einige Söldner ihre Deckung, andere Angreifer schleichen sich hörbar an. Die Mannsbilder starren auf den gewaltigen, aber noch jungen und wohlgeformten Po, dem glänzenden Hinterteil mit den gewaltigen Schenkeln. Aushungern scheint hoffnungslos. Zwei Tage nach der denkwürdigen Präsentation zieht das Belagerungsheer unverrichteter Dinge ab.

***Franz Scholles** ist ein erfahrener Gästeführer und Autor, der regelmäßig die Geschichte der Belagerung Ahrweilers 1474 erzählt. Seine lebendige und humorvolle Erzählweise sorgt bei den Zuhörern stets für großes Schmunzeln. Als Autor hat Franz Scholles bereits mehrere Kurzgeschichten in verschiedenen Anthologien veröffentlicht.*

Zurück ins Mittelalter

Karin Königs Blick fiel auf die Uhr im Klassenzimmer. Sie hatte noch 20 Minuten Zeit, um die Mathematikarbeit abzugeben. In Mathematik war sie das Superhirn der Klasse. In Geschichte war sie leider nicht so auf Zack. Und bereits in drei Tagen stand eine Arbeit in Geschichte an. Karin guckte zum Fenster. Ihr grauste es bereits vor den ganzen Geschichtsdaten. Wie sollte sie die alle in den Kopf kriegen?

Als Karin nach Hause kam, saß ihr Großvater namens Heinz lesend auf dem Sofa. „Hallo, Karin", grüßte ihr Großvater. „Deine Eltern sind gerade einkaufen. Sie kommen etwas später. Wir sind fürs Erste unter uns."

„Freut mich, Großvater. Wir schreiben bald eine Arbeit in Geschichte. Geschichte liegt mir einfach nicht. Ich kann mir die ganzen Daten nicht merken. Ich muss noch einiges lernen. Hast du einen Tipp für mich, wie man leichter lernen kann? Du warst doch in Geschichte ein Ass."

Karins Großvater ging zum Bücherschrank und holte ein kleines, dickes Heft hervor. Das reichte er Karin. „Versuch es doch mit einem Hausaufgabenhelfer. Da stehen die wichtigsten Daten drin. Das hilft dir, die Schwerpunkte zu erkennen."

„Danke, Großvater. Du bist der Beste."

„Gerne"

„Ich setze mich gleich an meinen Schreibtisch und arbeite den Helfer zum Thema Mittelalter durch."

Großvater Heinz lächelte Karin nach, die etwas enthusiastischer als zuvor wirkte und eilig die Treppe hinaufging. Er griff wieder zu seinem eigenen Buch und las weiter.

Nach zwei Stunden saß Karin müde am Schreibtisch.

„Wann war noch gleich die Krönung von Karl dem Großen?", fragte sich Karin selber ab. „Ich glaube im Jahr 800 nach Christus."

Karin blinzelte zum Vergleich in den Hausaufgabenhelfer. Es stimmte. „Fehlen noch ganze fünf Seiten. Warum ist Geschichte so langweilig?"

„Aber Geschichte ist doch gar nicht langweilig", ertönte eine fremdartige Stimme. Karin wirbelte erschrocken herum.

„WER WAR DAS?"

Niemand war zu sehen. Karin wollte sich gerade wieder mit dem Hausaufgabenhelfer auseinandersetzen, als ein kleiner, quadratischer Würfel vor ihr schwebte. „UAHHH!"

„Nicht schreien, liebes Kind. Ich tu dir nichts", bat der quadratische Würfel.

„Wer oder was bist du? Du hast doch gerade mit mir gesprochen, oder?"

Die Augen des Würfels lächelten verschmitzt. „Du gefällst mir. Bist nicht ganz so ängstlich wie die meisten Kinder, denen ich helfen soll."

„Hä? Was meinst du mit *die meisten Kinder*? Und was meinst du mit *helfen*? Du hast doch noch nicht einmal Arme und Beine."

„Das war jetzt aber etwas unhöflich."

„Ich heiße Karin. Entschuldige. Es kommt nicht gerade oft vor, dass ich mit einem Würfel spreche."

„Ich heiße Talis. Das ist der lateinische Name für Würfel. Ich bin ein Zauberwürfel. Meine Aufgabe ist es, Kindern wie dir zu helfen, die Schwierigkeiten in einzelnen Schulfächern haben. Geschichte, womit du Probleme hast, ist übrigens mein Spezialgebiet."

„Ja klar. Und ich bin die Kaiserin von China."

„Glaubst du mir nicht?", fragte Talis. „Dann pass mal auf, liebe Karin, was gleich passiert."

Der Würfel schwebte einige Male um Karin herum, wobei eine Art magischer goldener Staub um sie herum entstand, der sich irgendwann zu einem kleinen Wirbelsturm formte, Karin ergriff und vom Boden abheben ließ.

„UAHHH!", schrie Karin ängstlich.

„Das ist ein magischer Zeitwirbel. Er bringt dich in die Vergangenheit, wenn du hineinspringst." Zielstrebig flog Talis auf das Ende des Wirbels zu, wo sich nun ein schwarzes Loch öffnete. Ohne zu zögern, zischte Talis in das Loch hinein.

„Talis?"

„Komm schon. Es passiert dir nichts", hörte Karin die Stimme von Talis in ihrem Zimmer. Aber Talis selber war nicht mehr zu sehen.

„Meinetwegen", seufzte Karin. „Ein Versuch ist es wert."

Karin nahm all ihren Mut zusammen und sprang in das schwarze Loch hinein. „UAH! UAH! HILFE! NICHT SO SCHNELL! MIR WIRD SCHLECHT!"

Karin schrie ununterbrochen, während sie von einer Art unsichtbarem Sog gepackt wurde und hinter Talis hergezogen wurde. Irgendwann spürte sie wieder Boden unter ihren Füßen und öffnete ihre Augen. Aber wo befand sie sich?

„Wo bin ich hier gelandet? Sieht aus wie ein Wald", fragte Karin.

„Abwarten"

Die letzten Worte von Talis wurden von einem furchtbaren Lärm, der von einer Gruppe Reiter ausgelöst wurde, übertönt.

„Findet Robin von Locksley. Tot oder lebendig", hörte Karin eine männliche Stimme brüllen.

„Redet der etwa von Robin Hood?"

„Genau."

Die Worte von Karin und dem Würfel gingen im Hufschlag einer vorbeistürmenden Pferdegruppe unter.

„Duck dich!", folgte die Anweisung von Talis. Schnell versteckte sich Karin hinter einer dichten Buschreihe.

Ein Pfeil, der aus dem Nichts auf die Gruppe der Reiter zuschoss, bohrte sich in den Rücken eines der Männer.

„Der Mann mit den schwarzen Haaren, der an der Spitze der Gruppe reitet, ist der Sheriff von Nottingham", erklärte Talis flüsternd.

„Wahnsinn. Ich hätte mir bereits die Kleidung ganz anders vorgestellt."

Ehe der Sheriff und seine Männer agieren konnten, bohrte sich ein zweiter Pfeil in den Rücken eines weiteren Reiters. Dieser fiel, wie der erste, tot von seinem Pferd. Diese Taktik wurde so lange ausgeführt, bis der Sheriff nur noch drei Männer als Begleitung hatte.

„Rückzug, Männer. Das ist ein Hinterhalt der Banditen des Sherwood Forest. Wir ziehen uns nach Nottingham Castle zurück und versuchen, das Versteck der Diebe ein anderes Mal zu finden."

Karin seufzte angespannt. „Das war gerade so spannend. Ich habe bereits damit gerechnet, dass alle Männer des Sheriffs außer Gefecht gesetzt werden."

„Ich zeige dir noch etwas anderes", meinte Talis. Ehe sich Karin versah, wurde sie erneut fortgesogen. Dieses Mal fand sie sich in einer von vielen Stallungen eines Schlosses wieder. Auf den Türen der Boxen prangten Wappen, die Karin zuzuordnen versuchte.

„Weißt du, wo wir uns befinden?"

„Im Schloss von König Artus?"

„Absolut richtig. In welcher Zeit?"

„Etwa vor 1500 Jahren."

„Spitze. Und wann war die Zeit von Robin Hood?"

„13. Jahrhundert", strömte es aus Karin heraus.

„Merkst du etwas?"

„Nein, was?"

„Ich glaube, du brauchst einfach nur eine Grundlage, die Geschichte spannend für dich macht. Dann schießen die Daten geradezu wie ein Blitz aus deinem Kopf heraus."

„Du hast recht, Talis. Danke."

„Bevor wir wieder zu dir nach Hause fliegen und du das Gelernte umsetzen kannst, schauen wir noch, was hier passiert. Da vorne sind Fenster. Werf doch mal einen Blick aus einem heraus." Karin befolgte die Anweisungen von Talis. Da die Fenster etwas hoch für sie waren, holte sie einen größeren Heuballen heran, den sie vor das Fenster legte und diesen als eine Art Leiter nutzte. Nun konnte sie das Hofinnere eines Schlosses erkennen.

„Camelot", staunte Karin.

„Toll, nicht? Aber warte, was nun kommt."

Es dauerte nicht lang, da schritt ein Ritter vor eine Reihe von Bogenschützen, die sich im Hof des Schlosses aufgestellt hatten.

„Die Scheiben stehen aber weit entfernt", bemerkte Karin.

„Für angehende Ritter eine kleine Herausforderung", erklärte Talis. „Sie müssen die Kunst des Bogenschießens beherrschen. Schau zu."

Karin betrachtete die aufgestellten Zielscheiben, die bereits mit einigen Pfeilen der Bogenschützen, die von Weitem betrachtet eine Art Jagdkleidung trugen, gepickt waren. Manche Pfeile waren dem schwarzen Mittelpunkt nahe gekommen. Andere hatten ihr Ziel verfehlt. Sie waren in den dahinterliegenden Beeten gelandet, in denen Rosen in üppiger Pracht erblühten.

„Ins Schwarze getroffen hat keiner von euch", rief der Ritter. „Ihr müsst euch die Pfeile als Verlängerung eurer Arme vorstellen. Die Arme wiederum sind die Verlängerung eurer Augen. Auge und Ziel sind eins." Er hob seinen Bogen, spannte die Sehne, ließ sie los und der Pfeil bohrte sich in die Mitte der Zielscheibe. Lauter Beifall folgte.

„Ist das ...?"

„Sir Lancelot. Er galt als unübertroffener Schwertkämpfer und als Turnierreiter wird er der persönliche Champion von Artus' Frau Guinevere. Die beiden gehen eine Affäre ein, und als diese ans Licht kommt, bricht ein Bürgerkrieg aus."

„Ich glaube, ich habe genug gesehen, lieber Talis. Danke für alles. Ich sollte wieder nach Hause und die restlichen Daten und Ereignisse lernen."

„War mir ein Vergnügen, dir geholfen zu haben."

„Aufwachen, Karin!"

Karin blinzelte. Als sie wach wurde, realisierte sie ihren Großvater, der hinter ihr stand.

„Bist du über dem Lernen eingeschlafen?"

„Scheinbar. Dabei war alles so realistisch", seufzte Karin. „Wie spät ist es eigentlich?"

„Du hast gerade noch eine Stunde, bevor du ins Bett gehen müsstest."

„Dann nutze ich die noch, lerne und mache das Beste aus dem, was ich in dem Traum gelernt habe. Stell dir vor, ich bin in dem Traum einem Zauberwürfel begegnet und der hat mich ins Mittelalter entführt."

„Klingt aufregend. Schön, wenn dir der Traum Inspiration gegeben hat."

„Und wie! Ich weiß jetzt, dass ich das Lernen etwas anders angehen sollte."

Während Karin ihrem Großvater von ihrem Traum erzählte, flog ein Würfel über die Stadt hinweg. Er befand sich auf seinem Weg zu einem anderen Kind.

Hinweis: Fiktive Daten mit Fantasyinhalten gemischt.

Vanessa Boecking: *Autorin verschiedener Genres. „Damian, der Zauberer" Fantasy/ Märchen. „Osiris, die Supermumie". Fantasy/ Manga.*

Knappe Oscar und das Ritterturnier

Der Weg zur Burg war beschwerlich gewesen, zumindest für Oscar – er war gerade erst zum Knappen geweiht worden und marschierte die Strecke mit seinen gerade 14 Jahren neben seinem Herrn zu Fuß. Sein Herr war der wohlgeborene Ritter Siegmund von der Aue. Seit seinem siebten Lebensjahr stand er in den Diensten des Mannes, der zu seinen besten Zeiten sicherlich ein stattlicher Kämpfer gewesen war. Diese guten Zeiten waren jedoch seit einigen Jahren vorbei – der gute Siegmund war alt geworden und hatte das körperliche Training gegen Speis und Trank eingetauscht.

Oscar konnte sich im Moment noch nicht vorstellen, wie er seinen Herren bei dem anstehenden Turnier in seine Rüstung pressen sollte. Überhaupt fragte er sich, warum sie zu diesem Turnier anreisten. Siegmund hatte seit Jahren an keinem mehr teilgenommen und somit war Oscar umso verwunderter, als sie zu Burg Niederlohe aufbrachen. Vermutlich hatte ihn Herzog Balduin, eben der Herr jener Burg, dazu überredet, immerhin war er ein alter Saufkumpan von ihm.

Der Weg vom Gut zur Burg hatte zwei Tage gedauert, Siegmund auf seinem Turnierpferd, dahinter das Fuhrwerk mit der Ausrüstung, das der alte Erich lenkte, und Oscar, der wahlweise neben dem Ochsengespann oder seinem Herrn marschierte.

Endlich erschienen die Zinnen des Gemäuers vor ihnen aus den dichten dunklen Wäldern, durch die sie seit Stunden gelaufen waren … Burg Niederlohe war seit jeher der Stammsitz der Familie des Herzogs und vielfach erweitert worden. Neben den Ländereien, die von Bauern bewirtschaftet wurden, hatte sich beinahe eine kleine Stadt innerhalb der Mauern entwickelt.

Oscar sehnte sich danach, wieder Menschen zu sehen – er hatte ein gutes Verhältnis zu seinem Herrn und natürlich auch zu Erich, aber zwei Tage nur in ihrer Gesellschaft genügten ihm vollkommen.

Der schmale Weg öffnete sich zu einer großen Lichtung und

schlagartig erschien die Burg in voller Größe. Oscar blinzelte kurz, da ihn das Tageslicht blendete: Zur Rechten erkannte er, dass ein Turnierplatz samt Tribünen von emsig hämmernden Handwerkern errichtet. Sie jedoch folgten der sandigen Straße, die zu einer Zugbrücke führten, die den schlammigen Burggraben überspannte.

Ein Soldat kam ihnen über die hölzernen Bohlen der Brücke entgegen und hob die rechte Hand zu einem Stoppzeichen. „Halt im Namen des Herzogs! Wer begehrt Einlass?"

Es war gekommen, wie Oscar es vermutet hatte. Gleich nachdem sie ihre Gemächer bezogen hatten, natürlich schlief er beim Pferd, war Siegmund zum Herzog gegangen – das bedeutete nichts anderes, dass er den Abend mit seinem alten Freund gebührend feiern würde. Beim Turnier morgen würde er also nicht nur völlig außer Form, sondern auch noch verkatert antreten.

„Hoffentlich bringt der alte Kerl sich morgen nicht um", dachte Oscar und musste grinsen.

Bevor ihn der Hunger in die Küche trieb, wollte er sich auf dem weiten Burghof, der vor dem Turnier einem Marktplatz glich, umsehen: Es gab Stände mit Früchten, Brot und sogar Fleischwaren. An einem großen Fuhrwerk blieb Oscar stehen – ein fahrender Händler bot seine Waren feil. Dinge, die Oscar praktisch noch nie gesehen hatte, – teure Stoffe, seltsam bunte Gewürze und Medizin, ja sogar Spielzeug.

Lautstark lobte der Händler die Gegenstände, die vor ihm im Wagen lagen, während er selbst auf dem Kutschbock stand und die Menschenmenge vor ihm weit überragte. Oscar schlenderte langsam weiter, als er eine Fanfare hörte, die scheinbar die Ankunft eines weiteren Turnierteilnehmers ankündigte. Die Menge wandte sich mit einem Raunen zum Eingangstorbogen. Ein Herold mit einer Fanfare trat ein und die Menschen wichen automatisch zurück.

„Macht Platz für den hochgeborenen Ritter Ernst von Schwarzenberg!", brüllte dieser und in diesem Moment erschien im Torbogen ein Mann in glänzender Rüstung, mit wallendem blondem Haar und aggressivem Blitzen in den stahlblauen Augen. Auf seinem schwarzen Hengst, der wie eine Ausgeburt der Hölle wirkte, schien sein Kopf beinahe das Haupt des steinernen Bogens zu berühren.

Ein Keuchen entfleuchte Oscars Kehle. Das würde ein sehr bitterer Turniertag für seinen Herren werden.

Mit einem unterdrückten Grinsen hörte er das scheppernde Atmen Siegmunds, dem er gerade mittels eines Holzschemels auf das Pferd geholfen hatte. Sein Herr war heute selbst für seine Verhältnisse in keinem guten Zustand. Der gestrige Abend hatte lange gedauert – Oscar war wach geworden, als sein Herr im Morgengrauen über den Burghof zu seinen Gemächern gewankt war.

Die Auslosung der Turniergegner, die wenige Stunden später stattgefunden hatte, verlief ebenfalls unglücklich: Natürlich musste er in der ersten Runde ausgerechnet gegen von Schwarzenberg antreten. Das Los war öffentlich auf dem Burghof gezogen worden und ein Aufschrei war durch die anwesende Menschenmenge gegangen, als man sein Wappen gezogen hatte.

Mit einem mulmigen Gefühl führte Oscar nun das Pferd seines Herren über die Zugbrücke zum voll besetzten Turnierplatz. Die Lanze, deren Spitze durch einen Pfropfen abgestumpft war, war von der Turnierleitung geprüft worden und lag auf einem Gestell auf der einen Seite des Platzes. Eine hölzerner Rehling teilte die Wiese – an ihr würden sie gleich entlangreiten und sich gegenseitig versuchen, vom Pferd zu stoßen. Die Zuschauer johlten, als sie den offensichtlichen Zustand Siegmunds erkannten. Sein Gegner hatte bereits Aufstellung genommen, sogar das Visier seines Helmes hatte er schon zum Kampf heruntergeklappt. Oscar ging zum Lanzengestell und reichte seinem Herrn die schwere, lange Turnierwaffe – dieser konnte sie nur mit Mühe mit seinem rechten Arm oben halten. Mit der Linken klappte er das Visier über das gerötete, schweißnasse Gesicht.

„Gott mit Euch, Herr", rief er und wich vom Pferd zurück. Auf der Tribüne, die für die adligen Gäste reserviert war, während der Pöbel stehen musste, erkannte er den Herzog in der Mitte sitzend: Auch ihm sah man die feuchtfröhliche Nacht an, aber er erkannte auch den Hauch von Besorgnis im Gesicht des edlen Mannes.

Doch für derartige Bedenken war es zu spät – die Fanfare erklang und beide Männer ritten aufeinander zu, wobei von Schwarzenberg ein deutlich höheres Tempo vorlegte. Siegmund schaffte es zumindest, sich auf dem Pferd zu halten, doch seine Lanze verfehlte seinen Gegner, während dieser ihn frontal auf Brusthöhe erfasste und aus dem Sattel hob. Den dumpfen, scheppernden Aufschlag seines Herren notierte das Publikum mit einem Keuchen, aber auch mit vereinzeltem Gelächter.

Beruhigt erkannte er, dass sich Siegmund sogleich aufsetzte. „Er lebt also noch …“, dachte er und ging langsam auf das Turnierfeld, um seinem Herrn auf die Beine zu helfen.

„Genau hierfür machen wir das alles!“, raunte Siegmund seinem Knappen zu, als er auf ihn gestützt den großen Saal betrat, der von Dutzenden von Kerzen erhellt wurde. Gaukler, Musikanten und Geschichtenerzähler tummelten sich unter den vielen Gästen, von denen Oscar trotz ihrer jetzt noblen Garderobe einige als Tribünengäste des Turniers wiedererkannte. Die langen Tafeln bogen sich unter den Speisen und Getränken.

Oscar geleitete seinen Herren zum größten Tisch, wo der Herzog grinsend auf ihn wartete. Er klopfte seinem Freund auf die Schulter: „Vielleicht sollte ich dich in Zukunft nur zu Feierlichkeiten einladen, dann ersparst du uns den Anblick deiner Niederlage, dir ersparst du die Schmerzen und deinem treuen Knappen hier die Peinlichkeit, dich nach dem Turnier von der Wiese einsammeln zu müssen.“

Alle drei brachen in schallendes Gelächter aus.

Oliver Miller *(geboren 1981) ist Lehrer und Universitätsdozent in Hannover. Seit mehreren Jahren veröffentlicht er in Anthologien Kurzgeschichten – sein Debütroman „Kosmos 33“ erschien 2019. Von 2021 bis 2024 war er freier Autor Bereich Heftromane („Die UFO-Akten“).*

Die verlorene Harfe

In einem malerischen Dorf lebte ein Barde namens Tristan. In seiner schlichten Tunika und mit einem Kranz aus Wildblumen im Haar war er weit über die Grenzen seines Dorfes hinaus berühmt. Er besaß eine kunstvoll geschnitzte Harfe – ein Erbstück, das so alt war wie die Legenden der Ritter und Drachen, die er besang.

Als der neidische Sänger Malvin in das Dorf kam, war es vorbei mit der Ruhe. Marvin war fest davon überzeugt, dass er nur durch den Besitz der magischen Harfe die gleiche Bewunderung wie der berühmte Barde erlangen konnte. Unter dem Schein des Vollmonds schlich er sich heimlich in Tristans Haus, ergriff die Harfe, die an der Wand hing, und verschwand unbemerkt wie ein Schatten in der Nacht.

Am nächsten Morgen suchte Tristan seine geliebte Harfe vergebens. Verzweiflung überwältigte ihn, als er feststellte, dass das Instrument verschwunden war. Er eilte zu Kurwenal, seinem treuesten Freund und Gefährten, der gerade dabei war, sein Schwert zu schärfen.

„Kurwenal, die Harfe meines Ahnen, des berühmten Troubadours, wurde gestohlen. Ohne sie ist mein Lied nur noch Stille."

„Dein Schmerz berührt auch mein Herz. Wahrlich, ich werde nicht von deiner Seite weichen, bis wir das Erbstück zurückerobert haben. Bei der ersten Morgendämmerung sollten wir aufbrechen."

Am Abend des Diebstahls versammelte Tristan die Dorfbewohner auf dem zentralen Platz. „Freunde, die Harfe, die seit Generationen unsere Feste schmückte, ist verschwunden. Wer hat gestern Abend Fremde gesehen oder etwas Ungewöhnliches bemerkt?"

Die Dorfbewohner murmelten untereinander, tauschten Blicke und Kopfschütteln aus, doch niemand konnte ihm eine Antwort geben.

So begannen die beiden ihre Suche. Sie verließen das vertraute Terrain des Dorfes, das von einer hohen Holzpalisade umgeben war, und durchquerten die schattigen Wälder.

Zwei Tage später erreichten die beiden eine belebte Stadt, die von hohen, steinernen Mauern umgeben war. Als sie durch die geschäftigen Straßen zogen, gelangten sie zum großen Marktplatz. Auf einer improvisierten Bühne aus robusten Holzbohlen, die für öffentliche Aufführungen und Reden errichtet worden war, entdeckten sie Malvin. Er stand vor einer großen Menschenmenge und ließ die Harfe singen, doch Tristan spürte sofort, dass die Musik in den Händen des Diebes etwas von ihrer wahren Tiefe verloren hatte.

Das Publikum jedoch war ahnungslos, verzaubert von der Virtuosität und dem exotischen Klang des Instruments. Die Menschen applaudierten und jubelten Malvin zu, der sich mit jeder Note tiefer in einen musikalischen Rausch spielte.

Plötzlich trat Tristan aus der Menge hervor. „Malvin! Du magst die Saiten geschickt spielen, doch die Harfe gehört in meine Hände. Du hast sie mir in der Dunkelheit der Nacht gestohlen." Seine Stimme hallte über den Marktplatz und zog die Blicke der Umstehenden auf sich.

Malvin, ertappt, versuchte zunächst zu leugnen. „Oh, Tristan, du Meister des Gesangs. Ich wusste, du würdest mich finden. Aber beweise, dass diese Kostbarkeit rechtmäßig dir gehört."

„Diese Harfe ist ein Teil meiner Seele, mehr, als du je verstehen wirst."

„Und wenn ich mich weigere? Die Menschen hier lieben die Musik, die sie hören. Wen interessiert schon, aus wessen Händen die Melodien kommen?" Malvin warf einen herausfordernden Blick in die Runde, suchte nach Zustimmung bei den Zuhörern.

„Es kümmert mich, Malvin. Und wenn du glaubst, der Harfe Ehre zu erweisen, fordere ich dich hier und jetzt heraus, vor den Augen aller. Lassen wir das Volk entscheiden, in wessen Saiten die wahre Seele klingt." Tristans Stimme schwoll an. Die Menschen ringsum schwiegen und starrten gebannt auf die beiden Kontrahenten.

Malvin stimmte zu, teilweise aus Überheblichkeit, teilweise aus der Furcht heraus, dass eine Weigerung ihn als Dieb entlarven würde. Die Regeln wurden schnell festgelegt, die Jury, bestehend aus dem Stadtschreiber, dem Ältesten der Gilde und der Priorin des Klosters, nahm ihren Platz ein.

Als der Wettbewerb begann, griff Malvin zuerst nach der Harfe. Er spielte ein anspruchsvolles Stück, das mit schnellen Läufen und komplexen Fingerbewegungen das Publikum beeindruckte. Seine Noten waren klar und seine Technik fehlerfrei, aber es fehlte die Seelentiefe, die Tristans Musik so berührend machte.

Dann war Tristan an der Reihe. Sein Stück war eine tief emotionale Komposition, die Geschichten von Verlust, Hoffnung und Freude erzählte. Seine Melodien waren nicht nur schön, sondern schienen auch das Wesen der Harfe selbst zu enthüllen, als würde das Instrument zu seiner wahren Natur zurückkehren.

Die Jury zögerte nicht lange mit ihrer Entscheidung. Sie erkannten schnell, dass die Tiefe und Authentizität von Tristans Spiel unübertroffen waren und verkündeten ihn als den wahren Besitzer der Harfe.

In diesem Moment packte Marvin das Instrument, sprang von der improvisierten Bühne und stieß dabei gegen einen der grob gezimmerten Holzständer. Ein lautes Krachen erfüllte die Luft, als das Gerüst ins Wanken geriet, und für einen Moment lenkte das Chaos die Aufmerksamkeit aller ab. Malvin nutzte das Durcheinander und schob sich geschickt durch die Menge. Tristan reagierte schnell und rannte hinterher.

Wenige Minuten später erreichten sie das alte Stadttor. Malvin schob es auf und hastete hindurch, hinaus in die offene Landschaft. Tristan folgte ihm dicht auf den Fersen.

Malvin beschleunigte seine Schritte. Vor ihm erstreckte sich eine alte, marode Brücke über einen tiefen Abgrund. Als Tristan die Brücke erreichte, sah er gerade noch, wie Malvin über die schwankenden Planken stolperte. Als ein morsches Brett nachgab, verlor Malvin die Kontrolle und stürzte. Die Harfe entglitt seinen Fingern, rutschte über den Rand der Brücke und fiel in die Schlucht. Der Klang der Saiten verstummte abrupt, als das Instrument auf einem Felsen am Flussufer zerschellte.

Instinktiv griff Tristan nach Malvins Arm, als dieser sich an einem straff gespannten Seil festklammerte, das seitlich entlang der Brücke lief. „Halte durch!“, rief Tristan, während seine Finger sich fest um Malvins Handgelenk schlossen. Die Sonnenstrahlen warfen ein helles Licht auf ihr verzweifeltes Ringen und für einen Moment schien die Zeit stillzustehen.

Malvin, dessen Gesicht von Schweiß und Angst gezeichnet war, blickte in Tristans Augen. „Bitte ... lass nicht los“, keuchte er.

Doch das Schicksal war unbarmherzig. Mit einem furchtbaren Knarren brach eine weitere Planke unter dem zusätzlichen Gewicht. Tristan merkte, wie der Boden unter ihm nachgab.

„Tristan ...“, flüsterte Malvin, als er spürte, wie sich die Finger um sein Handgelenk lockerten.

Mit einem letzten verzweifelten Blick versuchte Tristan, seine Balance zu halten, doch die Situation zwang ihn zu einer schrecklichen Entscheidung. „Verzeih mir, Malvin“, rief er und löste seinen Griff, um nicht mit in die Tiefe gerissen zu werden.

Malvin, dessen Finger das Seil noch krampfhaft umklammerten, verlor den Halt und stürzte in die Tiefe. Sein Schrei verlor sich im Rauschen des darunter fließenden Flusses.

Tristan sank auf die Knie, während die Brücke unter dem Gewicht seiner Entscheidung zu zittern schien. Der Wind peitschte ihm ins Gesicht, als er über den Rand blickte, hinab zu dem Wasser, das nun Malvins Geheimnisse und die zerbrochene Harfe für immer bewahren würde. In seinen Ohren hallte das letzte Flehen seines Widersachers nach, ein Echo, das ihn noch lange verfolgen würde.

Volker Liebelt, *Jahrgang 1966, lebt in dem idyllischen Öhringen, einer Stadt, die seine Inspiration und Heimat gleichermaßen ist. Sein Schreibstil zeichnet sich durch die Fähigkeit aus, lebendige Bilder und Emotionen zu erzeugen, die die Leser tief in die Handlung eintauchen lassen. Die Liebe zur Natur und die Faszination für das Übernatürliche sind wiederkehrende Themen in seinen Geschichten, die oft von märchenhaften Orten und wundersamen Begegnungen geprägt sind.*

Merlins Lehrling

Ich wusste nicht, warum ich hier gelandet war, aber auf einmal stand ich mitten in einem Feld. In der Ferne erkannte ich schwach Häuser. Dort wollte ich Zuflucht suchen. Je weiter ich lief, umso tiefer ging die Sonne und der Mond tauchte auf. Meine Kraft ließ langsam nach und ich wollte nur noch bei den Häusern ankommen, um mich da ausruhen zu können. Mein Hals war trocken und mein Magen zog sich zusammen, gefühlt war ich Stunden unterwegs. Meine Beine gaben nach und ich landete auf der trockenen Erde. Auf dem Rücken drehend starrte ich in den Himmel. Der Mond verdunkelte sich. Mondfinsternis.

So schön der Anblick auch war, so mehr wusste ich, dass gerade jetzt starke Macht freigesetzt wurde. Irgendwas war im Gange und mir war nicht klar, ob ich das miterleben wollte.

Kurz darauf schallte das Donnern von Hufen zu mir herüber. Schwach konnte ich mich erheben. Mit letzter Kraft stand ich wackelig auf, in meinem Körper wurde es heiß – zu heiß.

Vogelgezwitscher drang an mein Ohr. Die Sonne strahlte in mein Gesicht. Nur blinzelnd konnte ich meine Lider öffnen. Ich lag immer noch auf dem Feld, als ich meinen Körper ansah, war da kein Unterschied. Hatte ich das womöglich nur geträumt oder hatte ich Halluzinationen?

In der Ferne hörte ich ein Pferd wiehern. Als ich energielos aufstand, war ich immer noch schwach. Der Reiter und sein Tier kamen auf mich zu. Hier, inmitten des Felds, gab es nichts, wo ich mich hätte verstecken können. Je näher sie kamen, um so mehr erkannte ich das Glitzern von Metall.

„Eine Rüstung? Wer trägt denn so etwas heutzutage?“, fragte ich mich selbst.

Bei mir angekommen, umkreisten mich die beiden.

„Wer bist du?“, fragte eine männliche Stimme durch den Helm.

„Cassandra McInnes.“

Der Fremde zügelte sein Pferd und sprang klappernd ab. „Eine Schottin?“

„Vorfahren, glaub ich.“

Er nahm seinen Helm ab. Lange schwarze, verschwitze Haare umrandeten ein kantiges Gesicht. Die braunen Augen des Mannes musterten mich. „Ich bin Edward Duke von Devonshire. Ich soll Sie holen.“

„Mich holen?“

„Ich habe keine Zeit für Fragen.“ Er packte mich und warf mich über sein Pferd.

„Was fällt dir ein?“, begann ich zu fluchen. „Ich habe Respekt verdient! Ich bin eine Frau und kein Gegenstand.“ So leicht war es gar nicht, sich aufzurichten, wie ich gedacht hatte.

Schnaubend setzte er sich wieder seinen Helm auf und schwang sich ebenfalls auf sein Tier. „Hü!“, rief er aus und nach einem kleinen Sprung rasten wir über das Feld. Ich schrie und schimpfte. Irgendwann versagte mir die Stimme.

Wir ritten an den Häusern vorbei, bei denen ich hatte Zuflucht suchen wollen. Der Geruch von Mist ließ mich übergeben und ich war froh, da doch nicht hingegangen zu sein.

Mit einem „Brrr“ drosselte er sein Pferd. Wir waren an einem Fluss angekommen. Er stieg ab, und als er auf mich zukam, klapperte seine Rüstung erneut. Sein Griff war fest an meinem Shirt, als er ruckartig daran zog, hörte ich den Stoff reißen.

Genervt schloss ich meine Lider. „Das war sicherlich nicht nötig“, schimpfte ich, als ich auf dem Boden landete.

Er schnaubte, entledigte er sich seines Helmes und griff nach etwas, was am Sattel hing und wie eine Ledertasche aussah. Heraus holte er einen Topf und etwas, was in einem Tuch eingewickelt war. Ich musterte ihn, während er Holz stapelte. Ich blickte mich um.

„Denk nicht daran, abzuhauen. Mein Pferd ist schneller als du. Und so willst du nicht in die Stadt. Jeder würde dich für eine Hexe halten und zum Scheiterhaufen führen.“ Er rieb Metall auf einer Art von Stein, Funken flogen.

„Warum du nicht?“

„Ich hab einfach schon zu viel gesehen.“ Das Holz begann zu brennen und er holte mit dem Topf Flusswasser, um es auf die Flammen zu stellen. „Setz dich.“

„Wo bringst du mich hin?"

„Erst mal muss ich es hinbekommen, dass du nicht so auffällst."

Ich blicke an mir herunter. Fast hätte ich gefragt, was daran schlecht sei, bis mir in diesem Augenblick wieder klar wurde, dass ich definitiv nicht mehr in meiner Zeit war. „Welches Jahr haben wir?"

„Elfhundertzweiundachtzig nach Christus."

Mein Magen verkrampfte sich noch mehr. Wie kam ich wieder zurück? Oder musste ich mich damit abfinden, in einer Zeit zu leben, wo ich als Frau einfach nur die Sklavin des Mannes war? Am liebsten wäre ich jetzt in der Verleugnungsphase, aber leider war das, was er sagte, schon ein Indiz dafür, dass dies bittere Realität war. Seufzend setzte ich mich ans Feuer. „Und jetzt?"

Er hob die Augenbraue. „Ihr Frauen kapituliert doch sonst nicht so schnell."

„Was bleibt mir denn bitte anderes übrig? Willst du, dass ich alle fünf Phasen durchmache? Ich kann dir gerne alles abspielen."

„Fünf was?"

Ich winkte ab. „Hast du auch etwas zu Essen dabei? Mir hängt der Magen gefühlt schon in den Fersen."

Er nahm das Stoffbündel und machte es auf. Brot und geräucherter Schinken kamen zum Vorschein. Darunter befand sich ein Messer, mit dem er mir etwas abschnitt. So ganz frisch roch das nicht, aber ich hatte Hunger – und wie sagte man doch so schön: In der Not frisst der Teufel Fliegen.

Nachdem wir gegessen und getrunken hatten, stieg er auf sein Pferd. „Bleib hier, bis zum Abend müsste ich wieder zurück sein."

„Wohin gehst du?"

„Ein Pferd und Kleidung besorgen."

Ich hätte gerne gesagt, dass ich mitwolle, aber mir war klar, dass ich das nicht konnte. Schweigend sah ich zu, wie er davonritt.

Ich war vor Langeweile eingeschlafen, als ich von Hufgetrappel auf wachte. Die Sonne färbte den Himmel bereits rötlich. Gähnend streckte ich mich, als Edward vom Pferd stieg.

„Gut geschlafen?"

Ich zuckte mit den Schultern und rieb mein Genick. „Kaffee wäre mega."

„Mega?"

„Richtig gut", seufzte ich.

„Du solltest dir angewöhnen, nicht solche Wörter zu benutzen."

„Entschuldige, dass mein Wortschatz erheblich größer ist als zu eurer Zeit."

Er schnaubte, zog Stoff aus der Tasche und warf es mir entgegen. „Anziehen! Ich bereite das Essen vor."

„Oh ja, ich springe ja schon", sagte ich sarkastisch. Der Stoff kratzte auf der Haut, dies spürte ich am meisten dort, wo er mein Shirt kaputtgerissen hatte. Ich zog mich die Sachen drüber und war froh, dass ich mich dafür entschieden hatte. „Und was jetzt?", fragte ich ihn, als ich mich zu ihm setzte.

„Nun können wir in die Stadt." Er blickte zum Himmel. „Aber das müssen wir morgen früh machen, da die Tore bald schließen."

Noch eine Nacht wollte ich eigentlich nicht draußen verbringen. „Verrätst du mir nun, wer dich geschickt hat."

„Unser König. Oder besser gesagt – sein Zauberer."

„Willst du mir gerade weiß machen, dass es Zauberer bei euch gibt?"

„Ja."

„Klar doch. Und die Sage um Artus und Merlin ist wahr."

„Definitiv wahr und morgen wirst du es sehen."

„Jahaha", begann ich zu lachen. Ich atmete tief durch und wischte mir die Tränen ab. „Und jetzt bitte die Wahrheit."

„Ich rede nicht mit gespaltener Zunge." Er stand auf. „Und du solltest dich eher fragen, wenn es Magie, Merlin und Artus nicht gab, wieso du dann hier in der Vergangenheit bist?"

Dies war ein Schlag in den Magen, da er den Nagel auf dem Kopf getroffen hatte. „Weißt du, warum?"

„Du hast Magie in dir." Er seufzte. „Ich habe aufgegeben, mehr zu erfahren. Ich sammle die Lehrlinge ein, bringe sie zu Artus und sehe sie nie wieder."

„Das klingt nicht gut!", quiekte ich.

Über sein Gesicht huschte ein Lächeln. „Du verstehst das falsch. Merlin lehrt euch, eure Magie zu nutzen. Da habe ich als Ritter nichts zu suchen. Bis jetzt ist anschließend keine in unserer Zeit geblieben."

„Willst du mir mehr erzählen?"

Schmunzelnd sah er nach oben und begann, von Artus, Merlin und dem Leben hier zu erzählen.

Ich hatte keine Ahnung, was auf mich zukam und ob es Glück war, das mich hierhergebracht hatte. Mir war nur eines klar: Ich musste da durch.

Luna Day *entdeckte ihre Liebe zum Schreiben durch Harry Potter und Rollenspiele. Heute begeistert sie mit einer bunten Mischung aus Kindergeschichten, Fantasy und Romance.*

Das Gelübde der Stille

Hoch über dem rauen Meer, umspült von den tosenden Gezeiten der Normandie, ragte Mont-Saint-Armand als stille Festung auf. Die alte Abtei, umgeben von Nebelschwaden, stand isoliert und unerreichbar – ein mystisches Refugium, das sich dem Lauf der Zeit und den Plagen der Welt widersetzte. Innerhalb ihrer massiven Steinmauern lebten die Mönche ein strenges Leben, geprägt von den täglichen Riten des Stundengebets und der gemeinschaftlichen Feldarbeit, die sie von der Außenwelt isolierte.

Doch selbst in diesem abgeschiedenen Heiligtum bahnte sich die Pest, jene dunkle Geißel des 14. Jahrhunderts, einen Weg durch die stummen Gewölbe.

Thomas, ein junger Mönch, war einer der Auserwählten, die Chroniken von Mont-Saint-Armand fortzuführen. Doch mit jedem Bruder, den die Pest dahinraffte, verdichtete sich die Stille in den gewölbten Gängen, eine Stille, die nur durch das monotone Echo der Gebete und das Knarren der alten Holzbänke in der Kapelle unterbrochen wurde.

An einem trüben Tag, der wie jeder andere im strengen Rhythmus des Klosterlebens verstrich, absolvierte Thomas die Morgengebete und nahm das spärliche Mittagessen aus Brot und dünnem Eintopf in der großen steinernen Halle zu sich. Später, als er zwischen den staubbedeckten Regalen der Klosterbibliothek umherwanderte, entdeckte er ein verborgenes Buch. Die alten, staubigen Seiten, die er fortan Nacht für Nacht studierte, enthielten verbotene Heilmethoden und Prophezeiungen, die die Kirche als ketzerisch verdammt hatte. Sein Entdeckergeist war entflammt von den geheimen Wissensschätzen, die möglicherweise den Schlüssel zur Rettung seines Ordens bergen könnten.

Der Abt, alarmiert von Thomas' heimlichen Besuchen in den verborgenen Winkeln der Bibliothek, stellte ihn besorgt zur Rede. „Bruder Thomas, deine Gänge in der Nacht und jene Schriften, die du unerlaubt berührst, haben sich meinen Augen nicht entzogen. Erkennst du nicht das Unheil, das du heraufbeschwörst?“

Thomas rieb seine gefrorenen Hände aneinander, bevor er antwortete. „Hochwürdiger Vater, Eure Besorgnis ehrt mich, doch seht, wie die Pest unsere Brüder dahinrafft. Sollte dieses Buch Abhilfe schaffen können, ist es dann nicht unsere Pflicht, es zu nutzen?“

Der Abt schüttelte bedächtig den Kopf, trat näher und senkte seine Stimme zu einem Flüstern. „Ein Heilmittel oder vielleicht ein Fluch, mein Sohn? Bedenke den Grund für ihr Verbot. Die Auswirkungen solcher Versuche sind unbekannt und mögen schlimmer sein als die Pest selbst.“

„Ich habe mich in Acht genommen ...“

Der Abt hob eine Lampe hoch, deren flackerndes Licht geisterhafte Figuren auf die Steinwände warf. „In Acht? Du betrittst Pfade, die längst verschlossen sein sollten. Nicht nur könnten wir unerlaubte Mächte erwecken, sondern auch Anschuldigungen der Hexerei auf uns lenken. Ein einziger Funke mag genügen, die Inquisition anzulocken.“

„Ich suche lediglich nach Pfaden zur Genesung ...“

„Indem du das feine Gleichgewicht unseres Lebens zerstörst? Erwäge wohl die Unruhe, die du erregst; nicht nur hier innerhalb unserer heiligen Mauern, sondern auch in der Welt draußen, wo unsere Feinde auf den geringsten Anlass lauern, uns niederzuringen.“

Thomas trat an ein Fenster, durch das der bleiche Mond sichtbar war, und blickte in die Nacht. Die Worte des Abtes waren schwerwiegend, denn die Angst vor der Inquisition war in diesen unsicheren Zeiten allgegenwärtig. Sie hatte das Recht, jedes Kloster zu durchsuchen und jeden Mönch zu befragen, der des Abweichens von der Doktrin der Kirche verdächtigt wurde.

Doch als immer mehr Brüder Fieber und Schüttelfrost bekamen, spitzte sich die Situation im Kloster bedrohlich zu. Die Luft war erfüllt von einem Gemisch aus Kräuterdämpfen und Weihrauch, der in der Kapelle verbrannt wurde, um die bösen Geister zu vertreiben, von denen man annahm, dass sie die Krankheit brächten. Während die Angst unter den Mönchen wuchs und die Kapelle fast durchgehend von betenden Brüdern besucht wurde, zog sich Thomas immer weiter in seine Studien zurück. Er glaubte fest daran, dass er ein Heilmittel gegen die dunkle Seuche entdecken konnte.

In einer stürmischen Nacht, als der Wind heulend durch die Ritzen der massiven Steinmauern drang, bereitete Thomas eine Tinktur vor, die er nach einem alten Rezept zusammengestellt hatte. Sein Herz pochte wild, als er die Mischung über einer kleinen, aber intensiven Flamme erhitzte, die unter einem improvisierten Kessel loderte. Gerade als die Tinktur zu sieden begann, flog die Tür auf und der Abt stand in der Schwelle.

„Bruder Thomas, was wähnst du hier zu tun?"

Thomas zuckt zusammen bei der Ankunft des Abtes, rührt aber weiter in dem brodelnden Kessel. „Vater, diese Mixtur vermag vielleicht uns aller Leben zu bewahren."

Der Abt trat einen Schritt näher und fixierte den Kessel mit scharfem Blick. Mit einer Handbewegung, die fast eine Drohung war, deutete er auf das Gebräu. „Du hast meine Mahnungen missachtet, Thomas. Du weißt um unsere Gebote und dennoch widersetzt du dich ihnen." Er griff nach einem Krug mit Wasser und leerte ihn langsam in den Kessel.

Thomas beobachtete entsetzt, wie das Sieden augenblicklich nachließ und der dampfende Inhalt sich in eine trübe Brühe verwandelte.

„Selbst die edelsten Absichten können in die Irre führen. Die Regeln unserer Gemeinschaft müssen deinen Versuchen vorgehen."

Der Abt entband Thomas sofort von seinen Pflichten und ließ ihn in eine entlegene, spartanische Zelle bringen, isoliert und unter strenger Beobachtung. Eine matte Öllampe warf gespenstische Schatten auf die groben Steinwände und das einzige Fenster, hoch oben und unerreichbar, bot keinen Blick auf die Welt außerhalb dieser kalten Mauern. Hier sollte er über seine Taten und deren mögliche Folgen nachdenken.

Als die Morgendämmerung den Himmel in ein fahles Grau tauchte, verschluckte dichter Nebel die gespenstische Silhouette des Klosters Mont-Saint-Armand. Die bevorstehende Ankunft der Inquisition, angekündigt durch ein dringendes Schreiben, das der Abt erhalten hatte, ließ ein eisiges Schweigen durch die alten Hallen ziehen.

Bruder Jerome, dem Thomas' umstrittene Tinktur das Leben gerettet hatte, schlich durch die stillen, kalten Gänge des Klosters, vorbei an den verlassenen Zellen und der verwaisten Kapelle. Mit einem alten Schlüssel öffnete er leise die Tür zu Thomas' Gefängnis. „Es ist Zeit", flüsterte Jerome, während draußen der Wind um die alten

Mauern des Klosters wimmerte. „Die Inquisition wird bald hier sein. Du musst fliehen, bevor es zu spät ist."

Thomas nickte stumm und die beiden Mönche flüchteten durch ein verborgenes Netz aus Geheimgängen, das nur wenige im Kloster kannten.

Der Weg nach draußen schlängelte sich durch überwucherte Gärten und vergessene Höfe, die früher von den Mönchen als Rückzugsort für Meditation und Gebet genutzt wurden. Als sie die letzte Tür erreichten, die ins Freie führte, hielt Thomas inne. Er blickte zurück auf das Kloster, dessen Umrisse als gespenstischer Schatten aus dem Morgendunst auftauchten.

„Was soll nun aus mir werden, Bruder?", fragte Thomas.

„Das vermag keiner zu sagen", entgegnete Jerome leise. „Die Freiheit mag Antworten bergen oder aber nur tiefere Geheimnisse enthüllen."

Mit diesen Worten zog Jerome die alte Tür auf. Ein Hauch kühler Luft, durchsetzt mit dem erdigen Aroma des Waldes nach einem Regenschauer, umfing sie. Thomas schritt voran, seine Silhouette ging auf in einem Nebelmeer, das sich wie ein vergessener Traum über die Landschaft legte und alles hinter einem Vorhang aus flüsterndem Weiß verbarg.

***Matthias Liebelt** schreibt seit seiner Kindheit Kurzgeschichten, die den Leser mit subtil-unheimlichen Elementen und feinsinniger Gesellschaftskritik in ihren Bann ziehen. Für sein Schaffen wurde Matthias bereits mehrfach mit dem Tom-Sawyer-Preis der Stadt Rees für Nachwuchsautoren ausgezeichnet. Seit dem Abschluss seines BWL-Studiums lebt und arbeitet er in der Nähe von Frankfurt.*

Das Märchen vom Drachen, der nicht fliegen wollte

Es war einmal in längst vergangener Zeit. Eine Ritterschaft jagte kreuz und quer durchs Land, durchsuchte jeden noch so fernen Winkel. Es galt, die alte Drachenbrut mit Stumpf und Stiel auszumerzen. Erst dann, so waren die Ritter sich sicher, konnten die Menschen wieder angstfrei leben.

Dunkel lag der Höhleneingang vor den Männern.

„Komm heraus, elendiges Vieh", schrien sie in das finstere Loch hinein.

Ein bedrohliches Fauchen war die Antwort. Eine Feuerwalze folgte hinterdrein. Ein mächtiger Drache kroch stampfend auf die Ritter zu.

„Bevor es ihm gelingt, sich in die Lüfte zu schwingen, müssen unsere Pfeile ihn treffen", mahnte ihr Anführer. Dieser war Wolf von Kuckucksstein, ein Fürstenspross.

Die Männer legten die Pfeile auf und spannten ihre Armbrüste. Noch hielten sie inne, auf das vereinbarte Handzeichen ihres Anführers wartend.

Der Drache schlug seine riesigen Flügel, wollte sich aufschwingen. Die Unterseite seines gewaltigen Körpers war nun ungeschützt.

„Jetzt!"

Pfeile schwirrten durch die Luft. Allesamt hatten sie sich tief in den Drachen gebohrt. Mit höllischem Getöse schlug er auf. Ein letztes Röcheln ...

Wolf von Kuckucksstein hob triumphierend die Hand. „Männer, das war der letzte Drache!" Allgemeiner Jubel folgte dem bizarren Schauspiel.

Aus dem Dickicht verfolgte ein Augenpaar die Szene vor der Höhle. Als sich die Ritterschar verzogen hatte, kroch ein verwaister Junge hervor und stocherte mit seinem Stock im Aschehaufen, der vom einst so bedrohlichen Monster übrig geblieben war, herum. „Das ist also geblieben von dir", sinnierte er und schüttelte ungläubig den

Kopf. Neugierig trat er in die Höhle hinein und tastete sich so weit ins Innere vor, wie es seine Augen zuließen.

In einer Felsnische entdeckte er ein großes Ei. Der Junge, dessen Magen knurrte, freute sich über das willkommene Mahl. Er, der im finsteren Wald zu Hause war, lebte hauptsächlich von Bucheckern, Nüssen und Waldbeeren. Manchmal stibitzte er einer Ente ein Ei, um eine kleine Abwechslung auf der Speisekarte zu haben.

Er holte mit seinem Stock aus und schlug auf das schmale Ende des Eis. Ein herzzerreißendes Winseln folgte. Vom Inneren her durchbrach ein Drachenjunges in der Größe eines ausgewachsenen Huhns das Ei.

„Noch besser", freute sich der Junge.

Er wollte es schon erschlagen, um es zu braten, als das Drachenjunge sprach, „Bitte lass mich am Leben!"

Der Junge erschrak. „Du kannst sprechen?"

„Uns beide hat das Schicksal vereint. Wir gehören zusammen."

Der Junge schüttelte den Kopf.

„Geh tiefer in die Höhle", sprach das Drachenjunge. „Du wirst eine Rüstung finden, dazu Gold, Edelsteine und Silber. Baue damit auf dem Berg über der Höhle eine Feste und erwarte die Zeit, wo unser Handeln gebraucht wird." Indem der kleine Drache Feuer ausstieß, erhellte er die Höhle. Alles, was er gesagt hatte, stimmte.

„Woher wusstest du das alles?", fragte der Junge.

„Es ist das Wissen meiner Ahnen, das sie mir für mein Leben auf der Erde mitgegeben hatten."

Einige Jahre gingen ins Land. Hoch über der ehemaligen Drachenhöhle, auf einem Felsen, ragte eine stolze Festung. Aus dem Jungen war ein stattlicher Mann geworden.

Alle Welt sprach von Johannes von Drachenfels, dem Herr der Feste. Dank des Schatzes, den einst der alte Drache hinterließ, kannte er keine Nöte unter seiner Regentschaft.

Mit ihm auf der Burg lebte ein weißer Drache, der Johannes in allen Lebenslagen beriet. In den Jahren war dieser zu einem respektablen Geschöpf herangewachsen.

Nur eine Kleinigkeit dauerte den Burgherren. Der weiße Drache wollte oder konnte nicht fliegen. Johannes versuchte wirklich alles, er führte ihn auf kleine Hügel und auf hohe Felssporne.

Alle Mühe war vergeblich. Der Drache dachte nicht im Traum daran, sich in die Lüfte zu erheben.

„Es ist ein Jammer", klagte Johannes, „ausgerechnet das Wappentier meiner Regentschaft sträubt sich vor dem Fliegen." Dennoch wollte er nicht aufgeben.

Beide bestiegen sogar den hohen Burgturm. Hier oben gefiel es dem Drachen außerordentlicher gut. Er beschloss, ab sofort auf dem Turm zu leben. Hier konnte er die Sonnenaufgänge im Osten erleben. Er genoss es, die Sterne funkeln zu sehen, zählte in mancher Nacht die Sternschnuppen. Er war glücklich auf seinem hohen Thron. Dem Drachen machte es nicht einmal etwas aus, vom Turm hinab in die Tiefe zu gucken. Nur fliegen wollte er nicht.

Man trug Wolf von Kuckucksstein zu, dass auf dem Drachenfelsen eine Feste erbaut worden war, auf deren Turm ein Drache über das Land wachte. In Wolfs Reich war es finster geworden, seitdem er den angeblich letzten Drachen erschlagen hatte. Da er keine ebenbürtigen Gegner mehr befürchten musste, herrschte er ohne Gnade über seine Untertanen. Jeder noch so kleine Widerstand wurde brutal niedergerungen. Viele Menschen waren aus seinem Reich geflohen und hatten bei Johannes von Drachenfels ein friedliches Zuhause gefunden.

Der stiernackige Herrscher grummelte voller Neid und Zorn. „Habe ich doch nicht alle Drachen getötet? Ich kann es nicht dulden, dass dieser Johannes von Drachenfels genauso einen beherbergt. Lasst alle meine Ritter zusammenkommen. Ich will die Burg stürmen und diesen Drachen vernichten."

So geschah es!

Mit einem mächtigen fahrbaren Bogen bewaffnet und einem Pfeil, so lang wie eine ausgewachsene Fichte, zog Wolf von Kuckucksstein an den Drachenfelsen. Schon von Weitem war sein Heer zu sehen.

Johannes sprach zu dem Drachen: „Er hat es auf dein Leben abgesehen. Und da du zu groß geworden bist, um den Turm zu verlassen, wird er dich mit einem Pfeil herunterschießen."

Dem Drachen wurde speiübel bei dem Gedanken. „Kannst du die Gefahr abwenden?", flehte er Johannes an.

„Ich will es versuchen. Zuerst muss ich die Burg sichern. Was hältst du davon, endlich zu fliegen?"

Der Drache schüttelte traurig den Kopf. „Das war doch der Grund, warum die Menschen Angst vor uns Drachen hatten – wenn wir elegant wie die Adler durch die Lüfte gesegelt sind."

„Und nebenbei aus purem Übermut alles niedergebrannt habt", ergänzte Johannes.

„Das tue ich doch gar nicht!"

„Eben. Wovor sollen sie dann Angst haben, wenn du dich friedlich verhältst? Es spricht nichts dagegen, dass du mit dem Fliegen beginnst und dich weitab von hier vorübergehend versteckst."

„Dann müsste ich dich verlassen und kann dir nicht mehr dienen."

Es ließ nicht lange auf sich warten, da war die mörderische Waffe des Kuckuckssteiners in Stellung gebracht. Fast alle seiner Männer waren damit beschäftigt, den Bogen zu spannen. Als das unter Aufbietung der vereinten Kräfte vollbracht war, justierte der Waffenmeister den Bogen so, dass der Pfeil direkt auf den Drachen zielte.

Der Drache konnte dem Pfeil jetzt nicht mehr ausweichen. Johannes aber erdachte eine List, um seinen lieben Freund zu retten. Mit seinem Schwert piekte er im letzten Moment dem Drachen zwischen zwei dicke Hornschuppen. Aufgeschreckt sprang der Drache auf die Zinnen des Turmes, verlor das Gleichgewicht und stürzte in die Tiefe. „Flieg!", rief Johannes hinterher.

Der Drache schwang die Flügel und siehe da, er erhob sich in die Luft. Und er wäre kein Drache, wenn er nicht das Heer des Kuckckssteiners, das ihm nach dem Leben trachtete, mit eine Feuerwalze bedacht hätte. Die überrumpelten Rittersleute ergriffen daraufhin schlagartig die Flucht. Der Drache aber schnappte mit seinen Klauen den flüchtenden Wolf von Kuckucksstein und brachte ihn zur Burg auf den Drachenfelsen.

Ihr könnt euch vorstellen, dass die Freude im Lande groß war, als der Tyrann ins Verlies gesteckt wurde. Johannes von Drachenfels regierte fortan beide Reiche mit Gerechtigkeit, Liebe und Weitsicht.

Und auch wenn heute auf dem Drachenfelsen nur noch eine verfallene Burgruine thront, erzählen sich die Menschen, dass in manchen Vollmondnächten ein Drache mit seinem Reiter am Himmel gesichtet wurde.

Jens Richter, *geboren 1967 in Wurzen bei Leipzig, ist verheiratet, Vater von zwei Kindern und Großvater eines Enkelkindes. Seine Texte veröffentlicht er hauptsächlich auf „e-stories.de" und „kurzgeschichten-stories.*

Ignigena

3. März 2041

Professor Groll rieb sich die Hände. Das war absolut fantastisch! Rein in den Schlund – einfach alles, was er nicht mehr brauchte. Die Garage war schon halb leer. Ha, wie einfach war das! Keine Mülltrennung. Keine Entsorgungsgebühren. Diese Idee, die würde er sich patentieren lassen! Er nahm das nächste Teil und es schoss wie ein feuerroter Pfeil in diese Zeitklamm. Treffer!

3. März 1637

Ja, das ist meine Geschichte. Sie ist wahr. Ich bin die Frau, die – aber der Reihe nach: Das rote Rohr da, es hat mein Leben gerettet. Ach, das stimmt nicht ganz, es war Melchior, der mich gerettet hat. Er zwängte sich am frühen Morgen in meine modrige Zelle mit diesem Ding unter dem Gürtel. Später, zu Mittag hin, sollte das Urteil über mich gefällt werden. Es stand nicht gut um mich. Mir drohte der Feuertod als Hexe auf dem Scheiterhaufen und ich hatte keinen Fürsprecher, für mich würde sich niemand in Gefahr bringen. Durch das winzige Fenster drückte sich beißender Qualm. Es sei ein Gnadenakt, heißt es, wenn es qualmt. Dann nehmen sie statt trockener Äste frisches Blattwerk. Mit etwas Glück würde die arme Seele dort unten ersticken statt qualvoll zu verbrennen.

Würde ich auch auf so viel Milde hoffen können?

Ich war 17 und erst seit Kurzem Magd auf der Moritzburg, half dort in der Küche und im Kräutergarten. Der Erzherzog, er hatte ein Auge auf mich geworfen, ich hatte Mühe, ihm zu entkommen.

„Bitte nicht, Herr“, habe ich gefleht.

Vergeblich. Er griff gern in mein Mieder und umfasste meinen Hintern mit seinen riesigen Händen. Große, kalte Schaufeln. Die Herzogin, guter Hoffnung zum fünften Mal, sie hat gesehen, wie er mir nachstellte. Und was tat sie? ... Eine Hostie hätte ich aus der Burgkapelle geklaut, sagte sie, und bei Mondlicht in der Erde vergraben. Und mit dem Teufel hätte ich den Beischlaf vollzogen. Das reichte aus. Ich wurde nicht angehört. Gott weiß, ich habe nichts gestohlen, noch nie. Und der Einzige, der bis dahin seine Hände zwischen meinen Schenkeln hatte, war der feine Herr selbst.

Sie fuhren mich mit dem Leiterwagen zu dem Mäuseturm, vorbei an der Galgenbergschlucht. Mein Herz setzte aus, als ich dort einen Scheiterhaufen sah. Die riesigen Bündel Astwerk mit dem Pfahl in der Mitte. Meine Hände hatten sie mit Stricken gefesselt, die mir ins Fleisch schnitten.

Aber wie viel schlimmer war die Angst, die mir ins Herz fuhr wie ein scharfes Messer! Ich bin Waise und hatte in meinen letzten Stunden mit niemandem zu rechnen. Wie erstaunt war ich, Melchior zu sehen. Ich hatte ihm mal Benediktenkraut gegeben, als seine Mutter mit Fieber darnieder lag. Alle im Dorf sagten, er sei ein Trottel, der nicht mal sprechen könne.

„Eile dich", sagte er und begann, das rote Ding zu schütteln. „Du musst ...", er senkte den Blick, „dich entkleiden, Maria." Seine Stimme nur noch ein Flüstern: „Weil ... weil das direkt auf die Haut muss."

Ich war es diesmal, die stumm blieb. Aber – welche Wahl hätte ich gehabt? „Oh Gott, Melchior, mir ist so bang", schluchzte ich, „die peinliche Befragung steht noch bevor. Man munkelt, sie wäre nackt zu absolvieren. Sie ... sie werden Fragen stellen, oh mein Gott, welche? Und dann versuchen, mich anzustecken. Wenn du brennst, ist das Indiz für deine Schuld. Nur wenn Haut und Haar kein Feuer fängt, lassen sie von dir ab, ich ..."

„Schhh", flüsterte Melchior, seine Lippen streiften kurz meine Schläfen. „Schnell", flüsterte er dann.

Ich fragte ihn mit Blicken, was und woher, doch er zuckte nur die Schultern.

„Mir träumte ...", begann er und schwieg dann, um mir den Rücken zuzudrehen.

Schweigend zitternd schlüpfte ich aus den Lumpen, ein eisiger Wind fegte durch die Mauerritzen. Auf dem Boden raschelten die flinken Füße der Ratten, die seit zwei Tagen darauf warteten, dass ich einschlief.

In Melchiors Handfläche türmten sich weiße Schaumflocken. Es war eher Instinkt als Begreifen, mit langen fahrenden Bewegungen verstrich ich dieses Zeug auf meinem Körper, bis es ganz eingezogen war. Au, wie das zwickte und juckte!

„Ich warte am Weiher auf dich“, murmelte er und seine Stirn lehnte sich für eine Sekunde oder so gegen meine, im nächsten Augenblick war er verschwunden.

Wenig später kamen sie. Ihre Gesichter glänzten von Schweiß und triumphaler Vorfreude. Sie führten mich in einen Raum, der fensterlos und von Fackeln erhellt war. Einer von ihnen grinste, seine fetten Lippen entblößten braune Zahnstümpfe. Ich schluckte. Man hatte mich gewarnt. Es kam vor, dass sich nicht jeder der Gerichtsbarkeit beherrschen konnte, wenn eine junge Frau nackt vor ihm stand.

Sie ließen sich Zeit. Ich konzentrierte mich darauf, still zu stehen. Still stand auch mein Herz, als sie mir die Folter zeigten: die Daumenschrauben, den Streckbock, die Nagelzangen, die Mundbirne. Ich betete heiß und stumm: „Bitte. Gott im Himmel, bitte.“

Der Grinsende riss mir mit einem Ruck die Fetzen herunter. Sein Atem stank wie Schweinemist. Schnell hielt ich einen Arm vor meine Brüste und presste eine Hand auf meine Scham. Der Dicke feixte, nach der Überführung würde ich der Willkür aller Anwesenden preisgegeben sein, seine wässrigen Augen hefteten sich auf das, was mein Arm nur mühsam bedeckte, er grinste und griff nach einer Pechfackel. Ich spürte die Hitze des Feuers, das nah und näher kam.

Ein Raunen ging durch die hungrige Meute, das sich mit Staunen und Bedauern vermischte. Ich sah es in ihren Gesichtern, noch bevor ich es begriff: Da, wo die Fackel mich berührte, war sie ausgegangen. Nur Glut glimmte noch an dem rauchenden Stecken.

„Gott steh uns bei“, sagte einer und bekreuzigte sich.

„Was“, dachte ich, „was in aller Welt ...“

Da teilte sich die Menge wie das Rote Meer und ich raffte zusammen, was von meinen Kleidern übrig war, und rannte los. Durch die Gänge, oh, wie glühte jetzt meine Haut, tränenblind hastete ich weiter. Unter den Füßen nasser Kopfstein, harter Lehm, Kiefernnadeln. Schnell, nur schnell zum Weiher hin! Qual und Pein und das Zeug, woher war das nur gekommen, alles abwaschen, runter von mir, weg. Nur weg. Melchior saß im Schilf. Sein Blick war voller Trost und sein Lächeln tapfer und verlässlich. Er rollte mich in ein Baumwolltuch und wiegte mich in seinen Armen. Er ist ein guter Mann, gewiss hatte Gott selbst ihn zu mir geschickt.

Ja, das ist meine Geschichte. Sie ist wahr. Ich bin die Frau, die nicht gebrannt hat. Es war der letzte Hexenprozess in Halle.

4. März 2041

Professor Groll bewegte sich zum Schlund. Nur noch ein Feuerlöscher, der letzte. „Nun, ich weiß nicht, wohin die Dinger verschwinden", dachte er. „Aber wenn die Not am allergrößten ist, wird es jemandem helfen. So wahr ich Professor Melchior Groll heiße!"

Elke Riebow, *vormals Werner, geboren 1961 in Essen, Mutter von zwei Söhnen, hat fünf Jahre in Kanada gelebt. Zahlreiche Publikationen seit 2008.*

Eon

Eon fror. Die Nächte wurden immer kälter und man merkte, dass der Winter schon vor der Tür stand. Seit Eon sieben Jahre alt war, war er Waise. Seine Mutter war an der Pest gestorben und sein Vater war es danach leid geworden, sich um ihn zu kümmern, und hatte in daraufhin verlassen.

Eon blickte auf. Langsam kamen die ersten Händler auf den Markt und bauten ihre Stände auf. Plötzlich hörte er eine bekannte Stimme hinter sich. „Oh, da bist du, Eon! Ich dachte schon, du hättest dir einen anderen Flecken ausgesucht zum Schlafen."

Eon drehte sich um. Vor ihm stand ein etwas kleineres Mädchen mit blonden Zöpfen und Sommersprossen im Gesicht. Es guckte ihn frech an.

„Endlich! Da bist du ja, ich dachte, du kommst nicht mehr, Elsa. Hast du das Essen dabei?", fragte er.

„Natürlich", sagte Elsa. Schnell griff sie in ihre Jacke, beförderte etwas Brot und Fleisch zutage und reichte es ihm.

Mit Heißhunger schlang er das Essen hinunter.

Elsa schaute ihn besorgt an. „Hast du gut geschlafen?", fragte sie ihn.

„Na ja, es wird immer kälter und man findet kaum noch einen trockenen Platz, wo man es warm genug hat zum Schlafen."

„Wir können es ja noch mal probieren", sagte Elsa.

Er wusste genau, was sie meinte. Er dachte zurück an die vielen Male, als er und Elsa zu der Metzgerin gegangen waren, wo Elsa nämlich arbeitete, und sie gefragt hatten, ob er womöglich auch eine Arbeit bekommen könnte. Doch die Metzgerin hatte ihm nur gedroht und mit einem: „Ich brauche kein Balg, das mir die Haare vom Kopf isst", fortgeschickt. Seitdem musste er irgendwelche Arbeiten annehmen, die entweder schlecht bezahlt wurden oder die nur einen Tag gingen und nach denen man nicht wusste, was man morgen machen konnte, um sich über Wasser zu halten.

„Nein, Elsa, du weißt, was dann kommen wird, wir haben es schon so oft versucht. Und wenn wir immer weiterfragen, dann wirst du womöglich noch rausgeschmissen", sagte Eon.

„Aber hat sie denn gar kein Mitleid mit dir?", fragte Elsa.

„Ich weiß es nicht, ich glaube aber schon. Das Problem ist nur, wenn ich jetzt noch da wäre, dann hätte sie nicht mehr genug Essen und Geld für sich selbst und für ihre anderen Mitarbeiter. Sie ist ja auch nicht reich. Nein, Elsa, das Einzige, was mir jetzt noch bleibt, ist zu einem anderen Händler zu gehen und ihn zu fragen, ob er noch Arbeit und Platz für mich hat. Aber auch das wird schwer, denn alle anderen obdachlosen Jungen und Mädchen haben sich schon Arbeiten gesucht, damit sie ein Dach über dem Kopf und warmes Essen für den Winter haben."

Elsa schaute ihn traurig an. „Aber ich bring dir morgens und abends trotzdem immer noch Essen."

„Danke", sagte Eon.

Plötzlich hörten sie einen Schrei. „Hilfe, ein Dieb! Er hat mich bestohlen! Da!"

„Das ist meine Herrin", sagte Elsa besorgt.

„Los, hinterher!", rief Eon.

„Aber du kannst doch nicht ...", wollte Elsa sagen. Weiter kam sie aber nicht, weil Eon sie am Arm packte und mitschleifte.

Eon guckte sich suchend um. Wo war der Dieb?

Da! Er versuchte sich gerade, zwischen einem Marktstand für Schmuck und einem anderen für Messer und Äxte durchzuschlängeln. „Der entwischt mir nicht", rief Eon und rannte hinterher.

Der Dieb hetzte an einem Obst- und Gemüsestand vorbei und streifte dabei eine Kiste mit Äpfeln, die daraufhin umfiel und die Straße versperrte. Geschickt sprang Eon über die Kiste und hörte noch im Hintergrund den Händler: „He pass doch auf!", dem Dieb nachrufen.

Eon guckte sich um. Wo war er? Plötzlich hörte er die Stimme von Elsa. „Da! Er will gerade in die Gasse einbiegen!"

Tatsächlich, da war er. Eon und Elsa rannten wieder los. Als sie in die Gasse eingebogen, kam ihnen ein übler Geruch entgegen. „Boah, stinkt das hier", sagte Elsa. Es roch nach Essensresten und Nachttöpfen, die einfach vom Fenster aus auf die Straße gekippt worden waren.

Der Dieb rannte gerade am Ende der Straße um die Ecke. Die Kinder folgten ihm. Als sie am Ende der Straße waren, sahen sie sich um. Sie befanden sich in einer Art Innenhof. Überall lag Müll herum und der Hof war voller Gerümpel. Plötzlich hörten sie ein Klirren.

„Das kam von da drüben", sagte Eon. Leise schlichen sie sich heran. Vor ihnen war ein kleiner Schuppen. „Er muss da drin sein", sagte Eon. „Komm, lass uns noch näher gehen."

„Bist du sicher, dass das eine gute Idee ist?", fragte Elsa. „Wir könnten ja auch die Aufseher rufen", schlug sie vor.

„Na gut", sagte Eon, „aber ich bleibe hier und gucke, dass er nicht abhaut."

„Okay, ich beeile mich", sagte Elsa und rannte davon.

Eon war mulmig. Was, wenn der Dieb jetzt abhauen würde? Dann müsste er nämlich hinterher. Plötzlich legte sich eine schwere Hand auf seine Schulter. Erschrocken fuhr Eon herum.

„Na, mein Freundchen", sagte der Dieb. „Spielen wir ein bisschen Verstecken?" Eon wollte schreien, doch der Dieb drückte seine riesige Hand auf seinen Mund und sagte: „Nanana, wir wollen doch nicht, dass das hier jemand mitkriegt, oder?"

Durch Eon fuhr eine kalte Angstwelle. Was hatte der Dieb mit ihm vor? Solche Leute mochten keine Zeugen. Der Dieb zog ihn mit zur Tür, die in denn Schuppen führte, und schubste ihn eine Treppe hinunter. „Was hast du hier zu suchen?", fragte der Dieb ihn.

„Nichts", sagte Eon.

„Nichts!", wiederholte der Dieb. „Du versteckt dich einfach so hinter einem Karren ohne jeglichen Grund?"

„Ja", sagte Eon, doch er wusste, dass das den Dieb nicht überzeugen konnte. Plötzlich hörte er ein Knarren und leises Trippeln.

„Was war das?", fragte der Dieb.

„Ich weiß es nicht", antwortete Eon. Innerlich hoffte er aber, Elsa sei zurückgekehrt und habe die Aufseher geholt.

„Du hast doch nicht noch Freunde mitgebracht?", fragte der Dieb. „Ich glaube, ich guck mal nach."

Als er die Tür öffnen wollte, wurde er zurückgestoßen und landete am Fuße der Treppe. Aufseher stürmten herein und der Hauptmann rief: „Sie sind verhaftet!"

Plötzlich hörte Eon eine Stimme."Ist er da drin?"

Erleichterung durchströmt ihn. „Elsa!", rief er.

„Eon!“ Elsa sprang die Treppe hinunter und umarmte ihn. Sie errötete. „Ich hab mir solche Sorgen um dich gemacht“, sagte sie.

„Das habt ihr wirklich gut gemacht“, lobte der Hauptmann. „Wisst ihr, wo die Beute ist?“, fragte er.

„Ja! Ich glaube, sie ist hier in der Tasche“, antwortete Eon.

„Kommt Kinder, wir müssen zurück zum Markt, um der Bestohlenen ihr Hab und Gut wieder zurückzugeben“, sagte der Hauptmann.

Als sie wieder beim Markt eintrafen, eilte ihnen schon die Metzgerin entgegen. „Habt ihr den Dieb erwischt?“, fragte sie den Hauptmann voller Sorge.

„Aber ja, hier, gute Frau, da haben Sie ihr Geld wieder“, sagte der Hauptmann.

Tränen traten in die Augen der Metzgerin. „Danke, der Herr, wie kann ich Ihnen nur danken?“

„Aber Eon hat doch den Dieb gefangen“, sagte Elsa empört.

„Wirst du wohl still sein, du dumme Göre! Wie soll dieser Junge einen Dieb aufgehalten haben“, sagte die Metzgerin. „Entschuldigung der Herr für dieses unverschämte Benehmen meiner Helferin.“

„Nicht bei mir müsst Ihr Euch entschuldigen, sondern bei den Kindern“, sagte der Hauptmann. „Es stimmt, ohne den Jungen und das Mädchen hätten wir es nicht geschafft.“

Die Metzgerin schaute die beiden verwundert an. „Stimmt das?“, fragte sie.

„Ja, Herrin, ich wollte es Euch sagen, aber Ihr wolltet es ja nicht hören.“

„Wenn das so ist, dann Entschuldigung“, sagte die Metzgerin. „Das habt ihr aber gut gemacht“, sagte sie.

„Ach, das war doch ...“, wollte Eon sagen.

Doch die Metzgerin unterbrach ihn. „Doch, doch“, sagte sie, „so einen Burschen könnte ich gut an meinem Stand gebrauchen.“

„Wirklich?“, fragte Eon und schaute die Metzgerin hoffnungsvoll an.

„Aber ja“, sagte die. „Komm, wir schauen, ob es noch einen Platz für dich bei denn Schlafstätten für die Arbeiter gibt.“

Plötzlich fühlte Eon sich ganz frei. Er würde doch nicht hungern müssen im Winter und auch keine Angst haben müssen, dass er keinen warmen Schlafplatz hatte für die Nacht.

„Jetzt wird doch alles gut", sagte Elsa und schaute ihn liebevoll an. Eon wurde rot.

„Ja", dachte er, „jetzt wird doch alles gut."

Rasmus, *dreizehn Jahre alt, wohnt in Tübingen und geht dort zur Schule.*

Saladin – ein Tagtraum

Das Mittelalter ist die Zeit zwischen dem Ende der Antike und dem Beginn der Neuzeit. Es umfasst die Zeit zwischen dem 6. und dem 15. Jahrhundert. Es hat mich immer schon interessiert, was in diesem langen Zeitabschnitt alles passiert ist. Ich bin ein richtiger Freak.

Immer wieder tauchen Sagen und Legenden über die Kreuzritter auf und nicht minder oft hört man in Österreich die Geschichte um Richard Löwenherz. Er, der König von England bis zu seinem Tod 1189 war, verbrachte als Gefangener einige Jahre auf der Burg Dürnstein in der österreichischen Wachau. Zuvor nahm er am dritten Kreuzzug teil. Ich habe bereits mehrere Bücher über diesen Teil des Mittelalters gelesen und auch einige Dinge über die Kreuzritter erfahren.

Zum Beispiel hießen sie deshalb so, weil auf der Rückseite ihrer schweren Mäntel ein großes, gesticktes Kreuz zu sehen war.

Während des Mittelalters gab es sieben Kreuzzüge. Unter dem Motto „Gott will es so!“ zogen Tausende christliche Ritter nach Jerusalem, um die Stadt vor den Muslimen zu retten.

Mein Mann ermöglichte uns wegen meines großen Wissensdranges eine Reise nach Jordanien. Hier konnte man auf viele Artefakte stoßen, die auf die Kreuzzüge hinwiesen. Das Königreich Jordanien war und ist Mittelpunkt aller Handelswege zwischen Ost und West. Das wiederum bedeutet, dass im Mittelalter viele Kreuzritter hier ein- und ausgeritten sind.

Von Amman weg ging es mit einem Reisebus zur Burganlage Karak. Die Burg Karak ist ein Labyrinth aus steinernen Säulen und endlosen, unterirdischen Gängen und zeigt die fantastische Baukunst der Kreuzritter. Sie wurde in kürzester Zeit zwischen 1142 bis 1161 errichtet. Ab 1176 bewohnte der Franzose Raynald von Chatillon sie. Er war französischer Kreuzritter und diente erst dem König von Frankreich, nach Ende des zweiten Kreuzzuges dem König von

Jerusalem. Er war ein streitsüchtiger, geldgieriger und blutrünstiger Herrscher.

In die Nordmauer der Burg sind riesige, gewölbte Säle in zwei Etagen gebaut. Sie dienten als Wohn- und Schlafräume und im Notfall als Schutz vor Geschossen jeglicher Angreifer. Auch die Bäckerei und die Speiseräume sowie der ehemalige Kerker der Kreuzritterburg sind für Besucher zugänglich. Vom höchsten Punkte der Burg bietet sich ein herrlicher Rundblick, der an klaren Tagen bis zum Ölberg nach Jerusalem reicht.

Ich habe die Besuchergruppe verloren. Mein Mann will zum Turm. Ich bin allein in der Bäckerei. Und plötzlich umgibt mich ein frischer Wind. Was war das? Es ist angenehm kühl hier, wogegen es draußen an die 35 Grad hat. Pferdegetrampel nähert sich. Das Geschrei einer wilden Horde durchdringt meine Ohren.

„Saladin, Saladin!“, höre ich die lauten Stimmen mehrere Männer. Ich habe einen dumpfen Kopf und fühle mich plötzlich schwach. Zuflucht suchend auf einem großen Stein habe ich das Gefühl, einer Ohnmacht nahe zu sein.

Ich höre Wortfetzen. Die Sprache? Tatsächlich Französisch? Ich kenne nur wenige Worte. Ich habe diese Sprache nie gelernt. Eine wunderschöne Frau in einem kostbaren Kleid erscheint und gibt Anweisungen. Wo bin ich nur? Ist das die Gattin von Reynald de Chatillon, dem Besitzer von Karak?

Frauenstimmen dringen an mein Ohr. Ihre Sprache verstehe ich überhaupt nicht. Sie holen Säcke aus einer Ecke und beginnen mit bloßen Händen, Mehl auf Steinplatten zu verteilen. In eine kleine Grube schüttet eine von ihnen eine ölige Flüssigkeit, eine andere Frau bringt Krüge mit Wasser. Ich kann erkennen, dass der aus Lehm bestehende Backofen angeheizt wird. Die Frauen, allesamt in dunkle Gewänder gehüllt und vermummt, sodass man nur das Gesicht erahnen kann, machen offensichtlich Brot. Andere rühren Getreidegrütze zusammen. Die Herrin verschwindet und das Stimmengewirr der Dienerinnen nimmt wieder zu.

Ich weiß, dass Reynald einen Angriff auf Mekka gestartet und Saladin ihn daher angegriffen hat, so sagt es die Geschichte. Aber erlebe ich diesen Überfall gerade mit?

Ich versuche, mich nicht zu bewegen, scheine den Arbeiterinnen entweder völlig egal zu sein – oder sie sehen mich nicht? Schreiben wir gerade das Jahr 1183?

Die tobenden Krieger fallen in die Wohnräume ein und versuchen, sich nicht nur am Brot, sondern auch an den Frauen zu vergreifen. Aber schon ertönt ein schriller Befehlston und es wird ruhig in den Räumen.

Also doch Saladin, der Kurde, der Krieger mit großem Wissen in Theologie, Glaube und Rechtswissen? Was geschieht, wenn er mich erblickt? Ich zittere vor Furcht, bin aber dennoch gespannt, was passiert.

Reynald, der Burgherr, erscheint. Er sieht etwas zerfleddert und mitgenommen aus. Er versucht, mit Saladin zu verhandeln, aber anscheinend scheitern die Versuche an den verschiedenen Sprachen. Reynalds Gemahlin kommt in Begleitung eines jungen Paares. Die Frau trägt so etwas Ähnliches wie ein Hochzeitskleid. Jetzt spricht der Burgherr wieder und zeigt auf das junge Paar. Saladin dürfte nun verstanden haben, worum es geht, und gibt seinen Männern Anweisungen, indem er immer wieder mit zwei Fingern der rechten Hand auf die jungen Brautleute deutet. Die Krieger murren zwar, nicken aber als Zeichen des Einverständnisses.

In meinem Kopf schwirren tausend Bienen und ich kann nicht klar denken. Da war doch etwas in den Geschichtsbüchern, aber was?

Das junge Paar verschwindet und auch der Burgherr und seine Gemahlin verlassen die Wohnräume, die neben der Bäckerei liegen. Das Brot nimmt eine helle Farbe an, ich kann es sehen, ich kann es riechen.

Wieder höre ich das Geschrei der Krieger. Einschläge von Steinkugeln in die Gemäuer erschüttern die Wände. Die Dienerinnen rücken erschrocken zusammen. Staub wabert durch die Backstube. Schwefelgeruch zieht jetzt in meine Nase. Zum Kuckuck noch einmal, was ist mit mir geschehen?

Jetzt fällt mir wieder ein, dass Saladin bei der Belagerung der Burg versprochen hat, die Gemächer eines Brautpaares zu verschonen! Hält er das, was er versprochen hat?

Ungestüm werde ich an den Schultern gebeutelt. „He, wach auf, du bist anscheinend ohnmächtig geworden?“, fragt mich mein Mann.

Ich blicke in seine besorgten Augen. Er zieht eine kleine Flasche Mineralwasser aus seinem Rucksack und reicht sie mir.

„Wieso hast du denn die Reisegruppe verlassen“, will er wissen.

Ich schüttle den Kopf. „Ich kann mich nicht erinnern, ich weiß nur, dass ich mich gerade im Jahr 1183 befunden habe. Es war alles so lebendig. Und es war der Tag, an dem Saladin diese Burg überfallen hat. Dienerinnen haben Brot gemacht und Getreidebrei hergestellt!“

Mein Mann schüttelt den Kopf und lacht. „Du hast viel zu viel in den Geschichtsbüchern gestöbert, damit du, wenn du hier bist, nachvollziehen kannst, was vor tausend Jahren passiert ist!“

Ich bin noch immer etwas neben der Spur. „Aber es ist genauso passiert, wie ich es gelesen habe!“, entgegen ich. „Ich habe sogar die erste Angriffswelle miterlebt!“

Mein Mann verdreht die Augen. „Und wie ist es ausgegangen?“, fragt er süffisant lächelnd.

„Das weiß ich nicht, ich kann es nur der Geschichte nach wiedergeben. Da ist Balduin IV, der Aussätzige, aus Jerusalem gekommen und Saladin musste abziehen, kam aber ein Jahr später wieder, um erneut Karak vier Wochen zu belagern. Als Sultan eroberte Saladin dann im Jahr 1187 Jerusalem!“

Wir verlassen Karak und das Mittelalter und begeben uns wieder zu unserem Reisebus. Ich werde noch lange an dieses seltsame Ereignis denken.

Was haben wir aus der Geschichte gelernt? Nicht viel, denn es gibt immer wieder Religionskriege, nur dass die Kämpfer keine Kreuzritter mehr sind.

Hannelore Futschek: *Jahrgang 1951. Matura, Studium, Bankangestellte, Bestatterin, Gleichbehandlungsbeauftragte im Arbeitsmarktservice. Lebt im Salzkammergut. Seit der Pensionierung schreibt sie ständig. Vier Bücher (Romane, Krimi, sind veröffentlicht worden. Bei vielen Anthologien erfolgreich mitgewirkt. Bei Pauli Esposito Wettbewerb den 1. Platz erreicht. Auch die Acrylmalerei zählt zu ihren Hobbys.*

Eine Gelehrte im Schatten des Mittelalters

Es war einmal im Mittelalter in einem kleinen, malerischen Dorf namens Elden, das von dichten Wäldern und sanften Hügeln umgeben war. Hier lebte eine kluge und mutige Frau namens Marie. Schon in ihrer Jugend fiel sie durch ihre Intelligenz und ihren Wissensdurst auf. Während die meisten Frauen ihrer Zeit im Stillen blieben und sich um den Haushalt kümmerten, suchte sie die Herausforderung und begegnete den vielen Geistern der Geschichte, der Philosophie und der Wissenschaft.

Marie war die Tochter eines einfachen Bauern, doch ihr Verstand war schärfer als das beste Schwert eines Ritters. Sie hatte in den Büchern ihres Vaters, einem ehemaligen Gelehrten, geschmökert und sich Geschichten über großartige Denker und Astronomen eingeprägt. Diese Leidenschaft machte sie zum Licht des Dorfes, wo sie als Lehrerin für die Kinder und sogar für die Männer des Dorfes galt. Ihre inspirierenden Lektionen über das Universum und das menschliche Denken zogen bald auch die aufmerksamen Ohren der Krieger und Wandernden an.

Doch in Elden gab es einen Mann, der Maries Herz und Verstand besonders herausforderte. Sir Adam, ein angesehenes Mitglied des Ritterordens, war berühmt für seine Tapferkeit auf dem Schlachtfeld. Er war muskulös, mit einem strahlenden Lächeln und nicht zuletzt einem scharfen Verstand. Er hatte von Maries Fähigkeiten gehört und war sowohl fasziniert als auch besorgt, denn sein Stolz als Krieger wurde auf die Probe gestellt. Eines Tages forderte er sie zu einem intellektuellen Duell heraus, bei dem die Dorfbewohner zusammenkamen, um zuzusehen.

„Ich lade dich, Marie, ein, zu zeigen, ob dein Wissen so stark ist wie mein Schwert“, sagte Adam mit einem herausfordernden Lächeln.

„Ein Duell der Gedanken ist nicht minder wichtig als eines der Schwerter, Sir Adam. Ich nehme an“, erwiderte sie mutig.

Die Herausforderung wurde angekündigt und am festgelegten Tag versammelten sich die Dorfbewohner auf dem großen Marktplatz. Fragen über Philosophie, Geschichte und Naturwissenschaften flogen hin und her, während die Spannung in der Luft lag. Marie war ruhig und gelassen, während Adam anfänglich mit einer Mischung aus Selbstbewusstsein und Skepsis agierte. Doch je mehr Fragen sie beantwortete und je präziser ihre Argumente waren, umso mehr verblasste Adams Überzeugung, die überlegene Macht des Schwertes zu besitzen. Schließlich musste er sich eingestehen, dass ihre Intelligenz seiner weit überlegen war.

Doch diese Niederlage formte ihre Beziehung neu. Adam, der zuerst ihre Fähigkeiten schätzte, begann, sie in einem anderen Licht zu sehen. Er fand ihre Leidenschaft und Entschlossenheit faszinierend. Marie spürte, dass Adam ein warmherziger Mann war, der bei aller Stärke auch tiefsinnige Gedanken hatte.

Im Verlauf der kommenden Wochen trafen sich die beiden regelmäßig, um über das Leben, die Liebe und die verschiedenen Philosophien des Daseins zu diskutieren. Jeder Dialog brachte sie einander näher. Adam war beeindruckt von Maries Weitsicht und ihrem unerschütterlichen Glauben an die Kraft des Wissens. Er verstand, dass ihre Stärke nicht nur im Verstand lag, sondern auch in ihrer Fähigkeit, Herzen zu berühren. Marie schließlich entdeckte in Adam einen Ritter, der über die rein physische Stärke hinaus das Herz eines Denkers hatte.

Aber das Leben im Mittelalter war oft unvorhersehbar. Ein benachbartes Königreich erklärte Elden den Krieg und Adam wurde zur Schlacht gerufen. Vor dem Aufbruch stellte er fest, dass er schon lange nicht mehr für Ruhm oder Ehre kämpfte, sondern um das Leben jener zu schützen, die er liebte. Bei ihrem letzten Treffen sprudelte es aus ihm heraus: „Marie, was, wenn ich zurückkehre? Was sagst du mir dann?“

„Ich werde auf dich warten, Adam“, erwiderte sie mit einem liebevollen Lächeln. „Der Verstand überwindet alle Schlachten. Du wirst wiederum wissen, dass in der Liebe und im Wissen keine Grenzen existieren.“

Die Schlacht war blutig und brutal.

Adam kämpfte tapfer, doch in einer kritischen Situation wurde er schwer verwundet. Die Kriege verliefen unausweichlich, doch Marie wartete geduldig im Dorf.

Monate zogen ins Land und die Dorfbewohner waren sich unsicher, ob die Heimkehr ihrer Kämpfer wirklich möglich war.

Eines Tages, als der Himmel in einem kräftigen Orange erstrahlte, beschloss Marie, in ein Kloster zu gehen, in dem verletzte Ritter Pflege fanden. Inmitten der Erschöpfung und der Angst fand sie ihn dort geschwächt, aber am Leben. „Adam!", rief sie und eilte zu ihm. „Ich wusste, dass du zurückkommst. Es waren nur Zeit und Raum, die uns trennten."

Mit einem leichten Lächeln erwiderte er: „Dein Glaube hat mich stark gehalten, Marie. Die größte Schlacht habe ich gewonnen – die um dein Herz."

Marie nahm die Hand des Ritters und verstand, dass sie zusammen eine Zukunft aufbauen konnten, in der Wissen und Mut in Einklang standen.

Nach seiner Genesung wurde sie beide Gelehrte. Sie zogen gemeinsam durch die Dörfer, lehrten, inspirierten und veränderten das Denken ihrer Zeitgenossen – ein Team aus Verstand und Herz, ihre Liebe wurde zum Symbol für Verständigung und Hoffnung in einer Welt, die oft von Streit und Misstrauen geprägt war. Sie fanden einen Weg, ihre Fähigkeiten zu vereinen, und lebten glücklich bis ans Ende ihrer Tage, während sie ihre Geschichten und Lehren an künftige Generationen weitergaben. Und so wurde ihre Liebe in Elden zum unvergänglichen Erbe, das weiser und mutiger wurde, als es je zuvor gewesen war.

Nadin Kadner *ist 36 Jahre alt und schreibt leidenschaftlich gern Geschichten. Sie hat zwei Kinder und lebt in Werder an der Havel. Das Schreiben zählt zu ihren liebsten Hobbys und bietet eine willkommene Abwechslung zu ihrem stressigen Berufsalltag. Besonders das Erschaffen eigener Fantasiewelten bereitet ihr große Freude.*

Bergan

Die letzten Meter bergan musste der Mann, den alle im Dorf nur Hein riefen, obwohl sein Taufname ein völlig anderer war, eine weitere Pause einlegen, weil seine Beine drohten, unter ihm wegzubrechen. Da er keinen Stein oder eine andere Sitzmöglichkeit fand, stützte er sich auf seinen Gehstock und hoffte, dass er nicht wieder hinfiel – wie es vor einigen Tagen an ähnlicher Stelle passiert war, als er sich nicht auf den Beinen halten konnte und viele blaue Flecken abholte. Seine ganze linke Seite schmerzte immer noch stark, wenn er sich nachts auf seiner Liege herumwälzte und davon aufwachte, sodass es ihm kaum gelang, wieder einzuschlafen.

Hein nahm sich die Zeit und blickte über die Gegend, die sich unterhalb des kleinen Aufstiegs ausbreitete und er hatte das Gefühl, dass er das alles bald sehr vermissen würde, wenn der Pfarrer, bei dem er letzten Sonntag seine Beichte abgelegt hatte, mit dem recht hatte, was er ihm von der nahenden Hölle erzählte, auf die Hein zusteuerte, da er keinen Heller besaß, um seine Sünden per Ablass freizukaufen.

Sicher waren schon viele derjenigen, die mit ihm einst aufgewachsen waren, inzwischen tot oder vom Kriegsdienst niemals wiedergekehrt, doch glaubte Hein, dass in ihm noch ein, zwei Winter steckten, so lange, bis sich auch der letzte seiner drei Söhne selbst versorgen konnte. Wie alt er selbst war, konnten nur die Priester wissen – er selbst glaubte, dass er um die vierzig Jahre alt war, ohne dass er genau verstand, was diese Zahl anderes aussagen sollte, als dass er alt war.

Hein schaute noch einmal zurück, ehe er die Kraft zusammennahm, um den letzten Anstieg zu meistern, und wie immer, wenn er einige Zeit gestanden hatte, spürte er nahezu jede Sehne im Körper, die wie sprödes Rindsleder auseinandergezogen wurde, dabei ächzte und stöhnte er vor stechenden Schmerzen, ehe sie nach einigen Schritten weniger wurden, doch nie ganz mehr verschwanden.

Er konnte sich gar nicht mehr an den Tag erinnern, den letzten

Tag, an dem er keine Schmerzen verspürt hatte, an dem er morgens aufstand und nach den ganzen Plackereien abends zufrieden ins Bett gegangen war. Hein war sich sicher, dass dieser Tag vor der Geburt seiner Söhne liegen musste, die auch schon so alt waren, dass der erste Sohn bereits eigene Kinder hatte.

Eigentlich, so dachte er, hatte er alles im Leben erreicht, was er sich erträumt hatte – konnte früh den Hof seiner Eltern übernehmen und eine eigene Familie gründen, bekam gesunde Kinder, von denen die Mehrzahl überlebte, und war bis zum letzten Winter mit einer Frau an seiner Seite gesegnet gewesen, die niemals meckerte, egal wie hart die Zeiten waren.

Da er einen eigenen Hof hatte und diesen bewirtschaftete, war Hein auch nie in größere Gefahr gekommen, dass er an einem Krieg würde teilnehmen müssen; nicht wie seine beiden Brüder, die fortzogen, um nicht mehr wiederzukommen.

Mit diesen Gedanken ging Hein den Berg hinan und wunderte sich, dass er ihm dieses Mal so lang vorkam, viel länger als sonst, was aber auch daran liegen konnte, dass er sich nicht so kraftvoll wie sonst fühlte und hier und da eine zusätzliche Pause einlegen musste. Doch gleich würde er es geschafft haben – dann wurde es leichter, denn es ging in Richtung des Dorfes, an dessen Rand sein Hof lag, bergab, und da es in den letzten Tagen nicht geregnet hatte, hoffte er, dass er unbeschadet wieder nach Hause kam.

Es waren nur noch drei, vier Schritte, ehe er über die Kuppe ins Tal schauen konnte, wo er die ersten Firste der Häuser zu sehen bekam, meistens der Scheunen, die mit dem täglichen Widerstand gegen die Kräfte der Natur und des Menschen den Gezeiten trotzten und hin und wieder neu aufgebaut werden mussten.

Den First seiner Scheune würde er wohl als Erstes sehen, wenn es die beiden Erlen erlaubten, dass er zwischen ihren Blätterdächern hindurchschaute, doch plötzlich gab sein rechtes Bein nach, knickte zur Seite, ehe auch das andere kraftlos wurde. Im Zusammensacken spürte Hein, wie ihn ein Schwindel erfasste, er die Kontrolle verlor und wie ein nasser Sack Mehl zusammenklappte.

Ihm schoss die Beschreibung des Pfarrers in den Kopf und instinktiv wartete er auf die bevorstehende Hitze der Hölle, doch sie wollte nicht kommen; viel eher durchzog ihn eine eisige Kälte, die sich trotz der starken Sonne in seinem Körper ausbreitete, ehe er für einen allerletzten Augenblick die Kraft fand, die Augen zu öffnen, um in den Himmel zu starren, dorthin, wonach er sich sehnte.

Christian Knieps, *geboren 1980, lebt und arbeitet in Bonn, schreibt Romane, Theaterstücke, Novellen und Kurzgeschichte. Zuletzt: „Tynn: Das Ewige Schicksal". Mehr Infos zu den Veröffentlichungen auf christianknieps.net.*

Johanna und der Bischof

Der Bischof von Beauvais glaubte nicht an Hexen – er war zu reich und zu mächtig, um nicht zu wissen, dass es keinen Teufel gab. Sünde kriegten die Menschen auch alleine hin, das hatte er schon als kleiner Junge gewusst.

Trotzdem war er gehalten, Johanna von Orléans, seine Gefangene, als Inkarnation des Bösen zum Tode zu verurteilen. Natürlich hatte er deswegen ein schlechtes Gewissen, aber andererseits war dies genau die Handlung, die der englische König und das englische Volk von ihm erwarteten, und als treuer Verräter war er sich seiner Pflichten wohl bewusst. Johanna hatte als einfaches Bauernmädchen nicht bloß mehrere Schlachten gegen die technisch überlegenen Streitmächte der Engländer erfolgreich geschlagen und damit den Weg für die Krönung des französischen Königs geebnet, sie hatte, was wirklich an Hexenwerk grenzte, zuvor ihren Herrscher dazu überreden können, ihr den Oberbefehl über sein Heer anzuvertrauen, und mit ihren Siegen allen Franzosen, die nicht auf der Seite der Engländer standen (zugegebenermaßen der größere Teil des Landes) wieder Mut und Zuversicht geschenkt.

Wenigstens sein Privileg, als ehrbarer Kirchenmann und Bischof die Gefangene noch einmal privat zu vernehmen, wollte er in Anspruch nehmen, ehe er sie verbrannte. Sie hatte ein ganzes Land elektrisiert und wurde schon jetzt als Heilige verehrt, obwohl sie noch nicht einmal gestorben war. Es reizte ihn, herauszufinden, wie sie auf seine Visite reagieren würde.

„Dummes Zeug, das alles“, knurrte er, aber auch er war von ihr fasziniert, er konnte es nicht verleugnen.

Johanna war keine Jungfrau mehr. Ihre Wärter hatten sie oft genug vergewaltigt, um ihr diesen Nimbus zu nehmen. Sie war, der Brauch verlangte es so bei prominenten Kriegsgefangenen, gequält und gedemütigt worden. Trotzdem brannte noch Feuer in ihr, stellte er beunruhigt fest, als er in ihrer Zelle war. Er hätte es definitiv vorgezogen, wie in vergleichbaren Fällen bloß vor einer menschlichen Hülle zu stehen; es war moralisch viel leichter, den Tod derer in Auftrag zu geben, die schon gestorben waren. Er ließ sich aber nichts anmerken.

„Wo ist jetzt dein Gott?", lachte er stattdessen höhnisch, als sie ihn mühsam aus ihren verschwollenen Augen anblinzelte (die Folterknechte hatten ganze Arbeit geleistet) und er das angenehme Gefühl verspürte, von ihr erkannt zu werden. Es befriedigt immer, der Sieger zu sein.

Doch dann sah er erschreckt, dass sich ihr Mund zu einem Lächeln verzog, obgleich sie jede Bewegung unendlich schmerzen musste. „Wie heißt der König von Frankreich? Der offiziell gekrönte rechtmäßige Herrscher meines und deines Landes?", fragte sie zurück.

„Du bist ein Tier, kein Mensch!", geiferte der Bischof. „Widerliches Stück Dreck! Du wirst auf dem Scheiterhaufen brennen. Möchtest du nicht alles tun, um deinen schäbigen Hals zu retten? Warum …", schlug er vor, „bleibst du nicht einfach dabei, die verräterische Hure deines Herrschers zu sein, und stirbst ein bisschen würdiger hier in der Zelle?"

„Ich habe keine Angst vor dem Tod. Und vor dir und deinem schäbigen Gott, der Frankreich unfrei sehen will, schon mal gar nicht", erwiderte Johanna und vergaß für einen Moment ihre Furcht. „Und mich dauert nichts. Ich habe getan, was ich tun musste. Das ist keine Sünde, sondern Notwendigkeit."

„Wie kannst du es wagen …?", knirschte der Bischof mit den Zähnen.

„Du wirst mich ermorden", flüsterte Johanna ruhig.

Sie musterte den frommen Kirchenmann, wie um die Wirkung ihrer Worte zu prüfen. „Aber ich habe vollbracht, weshalb ich auf der Welt war. Du hingegen: Bist du zufrieden mit deiner Rolle im Leben? Weshalb hat dein Gott dich auserkoren, der zu sein, der du bist?"

„Hasst du mich?", stammelte der Bischof, auf einmal völlig aus der Fassung gebracht.

„Nein", sagte Johanna. „Ich bemitleide dich …"

Nachdem der Bischof ihr Todesurteil unterzeichnet hatte, setzte er sich übellaunig neben ein Weinfass, Symbol des Einzigen, hatte er bislang stets gespottet, was die Franzosen besser als die Engländer konnten. Aber er trank nicht, er brütete dumpf vor sich hin.

Und als man ihm die Nachricht brachte, die gerechte Strafe an der Hexe sei glücklich vollzogen worden und sie sei jetzt für alle Zeit verdammt und vergessen, dachte er bei sich: „Wenn es nur so wäre!“

Tief in seinem Herzen bebte er bei der Vorstellung, Johanna nach seinem Tod wieder zu begegnen. So lebendig war seine Vision, dass er, der Visionen bislang stets verlacht hatte, gequält die Augen schloss und zum ersten Mal in seinem Leben betete, Gott anflehte, es existiere keine himmlische Gerechtigkeit.

Aber ihm war, als gebe es sie doch. Er spürte ein unendliches Grauen und wusste, er würde nie wieder ohne Angst leben können.

Ihre letzte Schlacht hat Johanna gewonnen.

Christian Reinöhl *wurde 1977 geboren und arbeitet als Lehrer.*

Mehr als mittel, Alter!

Finster, lernte schon der Opa,
war der Zeitraum in Europa
von in etwa 1000 Jahren,
voller Qualen und Gefahren.

Stimmt ja auch für weite Teile,
doch Gefahr der Langeweile
kam zumindest selten auf
im gesamten Zeitverlauf,
nur die Königsnamen-Wahl
war zuweilen etwas schal:
Friedrich, Heinrich oder Otto
hieß das Namensgeber-Motto,
höchsten Mal ein Karl dazwischen,
um es etwas aufzufrischen.

Auch wenn Pest und Kriege drohten,
es war immer was geboten:
Kaiser, Könige und Fürsten,
die nach Machtvermehrung dürsten,
Katholiken, Protestanten,
Mordkomplott, gern an Verwandten,
Bulle (golden), Konkordate,
Gegenpäpste, Staat im Staate.

Einmal kam ein Rattenfänger,
sonst zumeist der Minnesänger,
Staatsverträge, Steuern, Pfründe,
Ablasshandel gegen Sünde,
um den Himmel zu erkaufen,
Hexen auf dem Scheiterhaufen,

vorher noch der Exorzismus,
Rohstofffördernd: Alchemismus,
Abtmätressen, Reichsverwalter;
Es ging rund im Mittelalter.

Andreas Herkert-Rademacher: *geboren am 29. August 1978 in Würzburg, dort auch wohnhaft. Glücklich verheirateter Vater zweier wundervoller Töchter. Freizeit-Gedichtautor, Hauptberuflich im kaufmännischen Bereich aktiv.*

Gefährliches Wissen

Oktober Anno Domini 1225

Unbemerkt von den Turmwächtern huschte die junge Frau an der Stadtmauer entlang. Regen tropfte aus ihren Haaren, als sie zur geheimen Schlupfpforte auf den ansteigenden Pfad weit hinter der Mauer schlich. Nebel und anhaltender Nieselregen verringerten die Sicht der Wachhabenden. Als Veronika den winzigen Durchgang passierte, vergewisserte sie sich, dass sich niemand in der Nähe aufhielt. Erst dann lief sie weiter zur Hecke, ehe sie drunter herkroch. Unangenehm spürte sie den Schlamm beim Gehen an ihren Beinen. Wichtiger war: Hatte sie ihren Verfolger abgeschüttelt? Und wo blieb ihre Freundin Emma?

Die jungen Frauen arbeiteten über ein Jahr als Näherinnen auf Burg Nienbrügge. Mehrfach brachte man ihnen die edle Kleidung einiger Reiter, die spät am Nachmittag oder im Dämmerlicht die Burg erreichten. Im Laufe der Zeit fiel ihnen auf, wie zerrissen oder fleckig manch Umhang oder Wanst aussah.

„Die Edelherren scheinen durch den Schlamm gekrochen zu sein", bemerkte Veronika eines Abends verärgert. Sie umsäumte einen Tuchumhang, wobei sie immer wieder Dornen von Brombeeren oder anderen Gehölzen aus dem Gewebe zupfte.

„Irgendetwas stimmt da nicht." Emma schüttelte den Kopf. „Diese Leute haben doch Bedienstete, die für sie durch den Schmutz laufen ..." Emmas Neugier war erwacht.

Fieberhaft dachte Veronika nach. War Emma vielleicht um die Mauer herumgelaufen, um ihren Verfolger abzuschütteln? Gesehen hatten sie niemanden, doch ihnen war eindeutig jemand gefolgt, nachdem sie die Burg verlassen hatten. Knackende Äste und Schritte waren zu hören gewesen. Der große Stapelplatz wirkte ausgestorben.

Beide hatten die große Brücke über die Lupia ohne Kontrolle passiert, was ihnen komisch vorkam. In der Regel hielten mehrere Männer Wache. An diesem Abend wirkte die Vorburg wie ausgestorben. Emma war es, die die ausgebesserten Sachen im großen Saal abgab. Hatte sie womöglich etwas aufgeschnappt, was nicht für ihre Ohren bestimmt war? Veronika kannte Emmas Drang, Geheimnisse zu ergründen, nur zu gut ... Ihre Gedanken kreisten um Emma, als sie vom Stadttor her eine nur allzu bekannte Stimme hörte.

„He da, Turmwächter! Hast du zuletzt zwei jungen Mägden das Tor geöffnet?"

„Nein, wenn da welche gewesen wären, die so spät Einlass wollten, hätte ich von jeder einen Kuss als Zoll eingefordert", lachte Wigbald amüsiert.

Der Mann am Tor war einer der hohen Schöffen des Grafen Friedrich von Isenberg. Ein genervtes Schnaufen und eine leise zweite Stimme verrieten Veronika, er war nicht allein.

„Halt weiterhin die Augen auf, setz sie fest und gib Nachricht, sobald sie auftauchen", verlangte der zweite Mann, den Veronika als einen der Männer erkannte, die zur Leibgarde Friedrich von Isenberg gehörten.

Jetzt wurde Veronika bewusst, dass man sie suchte. Andererseits wusste sie nun, Emma war entkommen. Als sie den Verfolger bemerkten und losrannten, raunte Emma etwas von einem Mordkomplott, ehe sie sich trennten.

„Verdammt! Heim konnte sie nicht", überlegte Veronika. Gewiss würde man auf sie warten und in Gewahrsam nehmen, obwohl sie keine Auskünfte geben konnte. Ihr war kalt, sie sehnte sich nach einem wärmenden Feuer.

Viele vertrauenswürdige Menschen gab es nicht, die sie gegen Aussicht auf eine Belohnung nicht gleich verraten würden. Trotz der Kälte beschloss sie, noch eine Weile auszuharren, um auf Emma zu warten. Als sie ihre kalten Glieder massierte, sank ihre Hoffnung. Langsam schlich Veronika weiter. Sie löste sich aus den Schatten einer Gasse, ehe sie in Windeseile durch das Handwerkerviertel lief. Nahe dem Südtor lebte ein verschrobenes altes Kräuterweiblein. Wuda stellte nicht viele Fragen und Emma kannte sie recht gut. Für einen Pfennig würde sie in dieser Nacht ein sicheres Lager bei ihr finden. Veronika fürchtete keine ruhige Minute mehr in der Stadt zu haben, sobald bekannt war, dass man sie und Emma suchte. Endlich erreichte sie Wudas winziges Haus.

Auf Veronikas zaghaftes Klopfen reagierte nur Wudas Hund mit einem Knurren. Schlurfende Schritte kamen näher. Eine winzige Luke in der Türe öffnete sich.

„Was willst du so spät?", fragte die Alte wispernd mit verhaltenem Ärger über die Störung.

„Ich bin's, Veronika, bitte, ich brauche ein Nachtlager …"

„Geh heim, du hast doch ein Dach über den Kopf", brummte sie.

„Bitte! Wuda, ich bin in Not! Ich zahle dir einen Pfennig für deine Hilfe!", flehte Veronika mit kippender Stimme.

„Also gut, komm rein."

Sogleich verriegelte Wuda die Türe hinter ihr, wirbelte herum und hielt ihr die Hand entgegen.

Aus den Falten des Rocks beförderte Veronika den versprochenen Pfennig.

„Was ist passiert, dass du hier Unterschlupf suchst?" Sie betrachtete das Mädchen genauer. „Deine Schuhe sind voller Schlamm … Hat sich jemand an dir vergangen?", fragte sie jetzt milder gestimmt.

„Nein, aber es war jemand hinter uns her. Mindestens zwei Männer haben am Stadttor nach uns gefragt. Emma und ich mussten uns trennen. Ich weiß nicht, wo sie jetzt ist …" Die Worte sprudelten aus ihr heraus, dabei traten Tränen in ihre Augen. Veronika erzählte das Wenige, was sie wusste.

„Was habt ihr wirklich angestellt?", brauste Wudas auf.

„Nichts! Gar nichts!"

„Niemand von der Burg macht sich die Mühe, zwei einfache Näherinnen zu verfolgen, wenn es eine Kleinigkeit wäre oder ein kleines Geheimnis gäbe. Emma muss etwas gehört oder gesehen haben, deshalb steckt ihr in Schwierigkeiten! Dieses vorwitzige Mädchen!", schimpfte Wuda. „Schon oft habe ihr gesagt, sie soll ihre Nase nicht in Dinge stecken, die sie nichts angehen!"

„Sie war öfter hier?" Veronika wirkte verstört.

„Ja, es hilft uns nicht bei dieser Sache", lenkte Wuda vom Thema ab.

„Ich gehe sie suchen. Ich hoffe, ich finde das dumme Ding." Wuda wirkte besorgt.

Veronika fragte sich, warum die alte Heilerin so aufgeregt wirkte.

„Du bleibst hier. Versteck dich hinter den Truhen in der Ecke." Sie gab Veronika eine warme Decke. „Ein Kissen liegt in der rechten Truhe. Dahinter findest du ein Lager. Lass niemanden ein oder gib einen Laut von dir. Verriegele die Tür hinter mir, öffne nur mir. Hörst du!"

„Auch nicht Emma?"

„Nein. Ich kümmere mich um sie, falls ich sie finde", setzte Wuda mit Besorgnis hinzu. Sie griff nach ihrer abgewetzten Medizintasche, warf den Umhang über und verschwand in der Dunkelheit.

Irgendwann konnte Veronika die Augen nicht mehr offen halten und schlief ein. Ein leises Scharren an der Türe ließ sie aufschrecken. Winselnd stand der Hund davor. Ein sicheres Zeichen, dass seine Herrin zurückgekehrt war.

„Wuda bist du es?"

„Ja – mach auf", war die leise Antwort.

Durchnässt und blutverschmiert mit einer halb ohnmächtigen Emma, deren Kleider zerfetzt waren, betrat sie das Haus.

„Was ist passiert?"

„Später! Pack sofort meine Kräuter und Tiegel in die große Tasche aus der Ecke", hustete sie heiser. „Wir müssen sofort hier weg!"

Veronika gehorchte. Das Gefühl von Angst, beinahe Panik breitete sich im Raum aus. Als Veronika fertig war, hatte Wuda die Wunde in Emmas Gesicht gereinigt. Ihre linke Wange war stark geschwollen, blutunterlaufen und wies Schnittwunden auf.

Veronika schlug die Hand auf den Mund, um nicht laut aufzuschreien. „Oh, Emma! Was haben sie dir angetan?" Ihre Stimme erstarb zu einem Flüstern.

„Das Schlimmste!", war Wudas knappe Antwort.

„Der Mistkerl hat seine gerechte Strafe erhalten …!"

„Ist er tot?", hauchte Veronika.

„Ich weiß nicht – spielt keine Rolle! Er hat meine Enkelin entehrt …!", sagte sie tonlos.

„Niemand wusste, dass Emma deine Enkelin ist", flüsterte Veronika.

„Das sollte auch niemand wissen! Komm, wir müssen los." Zügig schnürte Wuda einige Kleidungsstücke und das Kissen aus der Ecke zusammen, packte Brot und Butter in ihre Tasche, ehe sie die Mädchen zur Türe hinausschob. So, als wäre sie wie üblich unterwegs, verschloss sie ihre Türe. Niemand sollte zu früh bemerken, dass sie nicht mehr in Nienbrügge war.

Über den nördlichen Wald am Hag hinter Burg Nienbrügge querten die drei Frauen die Furt. Ungesehen schlichen sie mit der erschöpften Emma davon. Immer weiter ging es über die Heidelandschaft hinaus bis weit ins Münsterland.

Am nächsten Morgen fand man eine Leiche in Höhe der Brücke zwischen Dorf und Burg Nienbrügge im Wasser. Es war der Schöffe der Burg. Unzählige Stiche in seiner Brust, die von einem Dolch herrührten, hatten ihm ein Ende bereitet. Ob er ins Wasser geworfen wurde oder fiel, wusste niemand. Keiner hatte etwas gehört oder gesehen.

Tage später bemerkten die Anwohner, dass Wuda scheinbar nicht zurückgekehrt war. Man nahm an, dass die wunderliche Alte erst im Frühjahr zurückkehren würde. Wusste man doch von einer Tochter, die in der Umgebung lebte.

Die Schreckensnachricht vom Überfall und Mord an Erzbischof Engelbert von Köln erreichte irgendwann Ende November auch Münster. Veronika und Emma waren auf dem Markt unterwegs, als sie davon hörten. Sofort zuckte Emma zusammen, als eine Bauersfrau mit ihrem Wissen prahlte. Glücklicherweise bemerkte niemand Emmas Reaktion. Immer noch trug sie die Kapuze tief ins Gesicht gezogen. Zu frisch war die Narbe ihrer Schnittwunde über dem linken Auge …

Stumm drückte Veronika ihre Hand. Dank Wudas Umsichtigkeit hatten sie überlebt, sonst lägen ihre Körper jetzt irgendwo verscharrt im Wald von Nienbrügge.

Dorothea Möller *lebt und arbeitet im Westfälischen. Als freie Autorin schreibt sie Urban Fantasy, historische Kurzgeschichten, Mutmachgeschichten und vieles mehr für Kinder und Erwachsene. Zurzeit recherchiert und arbeitet sie an mehreren Kurzprojekten für 2025. Aktuelles finden Sie unter www.Dorothea-Moeller.de sowie bei Facebook oder Instagram.*

Das Duell

„O doch, das wird er mir noch büßen“,
so spricht zu Gundolf der Gefährte Gword,
„trat er der Freundschaft Wort doch mit den Füßen!
Und’s ist dem Herzen meiner leiser Mord.

Dass er in Niedertracht so kalt geplant
und er mir raubt’ die Liebste, Mindas Huld,
dass guten Glauben er mir schwer geahnd’,
ist ein Bekennen zu gar großer Schuld.“

Drauf lachet Gundolf ihm nur dreisten Hohn:
„Des zagen Strebens eig’nes Bannen
warb ja durch alle Zeit schon solchen Lohn“,
und zieht mit Minda dann von dannen.

Nach einem Mond: der Platz zum Kampf beflaggt.
Ein regsam’ Staunen dort im Volk rumort.
Der Fehde Handschuh zornig forsch gepackt.
Und ihn geworfen hat der sanfte Gword.

Und keiner ringsumher mag es begreifen,
dass er gefordert Targ, den dunklen Ritter,
denn aus den Sängen, die um diesen reifen,
klingt es der Gegnerschaft so schmählich bitter.

Den Rossen ihrer liegt bereit die Bahn.
Des Staubes Wirbel um die Hufe tanzen.
Dass sie einander gleich so heftig nah’n,
verkünden drohend ragend ihre Lanzen.

Da an die beiden Rosse nun getrieben,
Gescheh'n voran zu wucht'gem Gipfeln schreitet.
Und da! Der einen Lanze stoßend' Lieben
ab von dem Leib des Targ vom Harnisch gleitet.

Doch gut getroffen hat des andern Stahl
und sich so tief in jenes Brust gebohrt.
Und's scheint umher als eines Opferns Mal,
denn bar der Rüstung ritt bekühnter Gword.

Zum sich'ren Tode voll der Würde sinkt
in blut'gem Strom zum kühlen Grund er nieder.
Im selb'gen Nu ein greller Stich nur dringt,
in gell'ndem Wehgeschrei sich spiegelnd wider,

auf warmer Liegestatt in Gundolfs Herz
durchs heile Fleisch. Dem Sinne kein Erbarmen!
In Klagens Ohnmacht, in dem grausen Schmerz
haucht er sein Leben aus in Mindas Armen.

Wolfgang Rödig *lebt in Mitterfels. Er hat bislang mehr als 900 belletristische Kurztexte in Anthologien, Literaturzeitschriften, Tageszeitungen, Magazinen und Kalendern sowie den Gedichtband „Punkt – Nach Komma, Strich und Faden" veröffentlicht.*

Das selbst gewählte Schicksal

Im Schatten eines verfallenen Schlosses, dessen Zinnen den Himmel durchbohren, weht mein zotteliges Haar im Wind. Verwahrlosung scheint mein einziger Begleiter zu sein, während mein zerrissener Harnisch an mir hängt und ich mich in Lumpen hülle, die einst prächtige Gewänder waren. Mehrere Seelen wohnen in mir, ein innerer Konflikt, der wie ein Drache brüllt und fauchend mit mir ringt. Meine Augen glühen wie die Kohlen eines Lebensfeuers, doch sie starren ins Nichts, als ob alle Farben der Welt verschwunden wären.

Die Sohlen meiner Holzschuhe knarren, als ich durch die staubigen Gassen schlendere; sie sagen den glorreichen Zeiten ade und lassen mich in die Abgründe meiner Gedanken eintauchen. Über Wochen und Monate hinweg habe ich mich von der Welt entfremdet, und die untersten Schichten meines Daseins scheinen sich verselbstständigt zu haben. Mit jedem Schritt drohe ich, im Morast des Lebens zu versinken.

Äußerlichkeiten sind ein seltenes Gut in diesen Tagen, ein Luxus, der mir verwehrt bleibt. Innerlich gebrochen und äußerlich verwüstet – so präsentiere ich mich der Welt, als verkörperte ich einen Flickenteppich aus vergessenen Träumen. Ihre Worte, die ohne die Unart des Philosophierens auskommen, nehme ich als bare Münze. Den bürgerlichen Sätzen, die ich für hohle Floskeln halte, begegnet mein Geist wie ein strenger Herrscher.

„Euer Glas ist halb voll“, verkündet ihr und ich höre die Phrasen wie den Klang einer alten Linde – sie drängen sich auf, ohne mir Raum für Überlegungen zu lassen. „Wenn nicht jetzt, wann dann?“ Oder „So jung wie heute werden wir uns nie wieder treffen.“ Diese Worte fließen über meine Lippen wie Wasser über einen gemauerten Kanal und rauben mir den Verstand, während ich versuche, mich zu konzentrieren. Geschäfte müssen gemacht, das Schreiben muss geschehen. Von den köstlichen Goldstücken, die wir hier anhäufen, träume ich, denn um mich als Schriftsteller zu fühlen, muss ich ab und an Quellen wie diese anzapfen.

Draußen plätschert ein Bach, während Kinder im Garten toben. Im nahen Gasthaus unterhalten sich Unbekannte über Turniere und schwelgen in ihren unergründlichen Theorien zur Heilung der Weltwirtschaft. Hier, in diesem Raum, wird eine gesponnene Realität nachgestellt. „Heute beginnt der Rest deines Lebens!“, ruft meine Stimme, verspottet und verletzt, durch den Hallenklang, als ob sie den alles überragenden Fels, genannt Laura erdrücken würde.

Meine aufmunternden Worte nennst du schauspielerisches Geschwätz. Aber ich frage dich: „Kennst du jene billigen Komödianten, die während der Darbietung nur daran denken, rasch aus ihrer kostbaren Garderobe zu flüchten?“ Jene Horden zähle ich nicht zu meinen Freunden. Ein gewohnheitsmäßiges Dankeschön verweigere ich mir – automatisierte Antworten wären nichts weiter als Beleidigungen für das, was uns vereint und trennt.

Wo endet mein Sein, wo fängt deins an? Obwohl ich es versuche, ist die Mauer, die uns einst trennte, längst desillusioniert. Ehrlich, Laura – kein Mensch zwang uns, hier in diesem finsteren Container für ein paar Goldstücke zu hocken, während wir auf mageren Pfründen unser Dasein fristen.

Und so sitzen wir hier, gefangen in einem illusorischen Mittelalterspiel, während wir die eigenen Fehler und Fehlschläge wieder und wieder durchleben. Das Burgtor steht offen für neue Abenteuer und unbekannte Wege – wenn nur der Mut zu träumen nicht längst erschlafft wäre.

Oliver Fahn, *geboren am 21. März 1980 in Pfaffenhofen an der Ilm, Oberbayern, ist ein vielseitiger Autor. Seine Werke sind unter anderem bei DUM, Radieschen, eXperimenta und etcetera erschienen. Zudem wurden seine Texte von der Stadt St. Pölten und der Friedrich-Naumann-Stiftung veröffentlicht. Gemeinsam mit der Schriftstellerin Polina Jäger nimmt er regelmäßig an Wettbewerben teil.*

Der letzte Hellmann

Wido zügelte seinen braunen Hengst Worēdos, als er die Felsengruppen des Unlands erreichte. Obwohl der Boden uneben und der Schieferstein rutschig war, trug das Pferd seinen Reiter mit sicherem Schritt hinauf, bis sie die kleine verkommene Hütte erreichten, in welcher der Tiufel hauste. Der Hüter des Feuers hatte eine wichtige Aufgabe, denn er war nicht nur für die Verbrennung der Verstorbenen im Vegeviur verantwortlich, sondern er sendete auch über die Lohe Licht – und Warnsignale an die nahe gelegene Siedlung.

Wido stieg ab und blickte sich um. Sogleich erspähte er den hünenhaften Mann, der ihm hinkend entgegentrat. Unter seinem hornverzierten Helm trug er langes Haar, das er zu einem lockeren Pferdeschwanz gebunden hatte. Bekleidet war er mit verschiedenen Fellen, welche bereits recht abgenutzt wirkten und streng nach Feuer rochen.

„Was führt dich her, Bursche?“, wollte der Tiufel wissen, während er den Fremden argwöhnisch musterte.

Wido überreichte ihm verschiedene mitgebrachte Lebensmittel, die der Mann zögerlich an sich nahm.

„Du hättest dir den Weg hier hinauf sparen und die Speisen am großen Stein hinterlegen können, so wie es auch die Leute aus der Siedlung tun“, brummte der Tiufel und wandte sich bereits wieder ab.

„Ich komme nicht aus der Siedlung“, erklärte der Reiter und entledigte sich seines lumpigen Gewands.

Der Tiufel hielt inne, betrachtete den Mann und staunte nicht schlecht. „So wie ihr unter diesen Lumpen gekleidet seid, würde ich glatt behaupten, ihr wärt ein Edeling.“

„Ein solcher bin ich auch. Ein Herzog, um genau zu sein, also ein Anführer tapferer Männer, die bis zum Tode gegen den Feind kämpfen, selbst wenn sie in der Unterzahl sind und der Gegner speziell für den Kampf ausgebildet wurde und er mit Strategie und deutlich besseren Waffen kämpft. Und wenn es noch so aussichtslos erscheint, so sind diese einfachen Männer mutig oder einfach nur verzweifelt genug, um nicht aufzugeben, obwohl die anderen uns deutlich überlegen sind und Tag für Tag voranschreiten."

Der Tiufel betrachtete sein Gegenüber aufmerksam. „Ihr habt gegen die Franken gekämpft?"

Wido seufzte: „Immer und immer wieder. Irgendwann jedoch wird man dessen überdrüssig. Egal, wie sehr man weiterkämpft, der Gegner ist einfach zu mächtig. Und irgendwann gelangt man an einen Punkt, an dem man verzweifelt und anfängt, ins Grübeln zu kommen. Und je mehr ich grübelte, desto mehr begann ich zu zweifeln."

„Zu zweifeln? Worüber?" Doch die Frage des Hellmanns blieb unbeantwortet und mit ungutem Gefühl beobachtete er, wie sein Besucher zurück zu seinem Hengst schritt, um kurz darauf mit einem Bündel zu ihm zurückzukommen. Überrascht hob der Tiufel die Augenbrauen, als Wido ein zerbrochenes Schwert enthüllte.

„Dieser Sax stand mir in zahlreichen Schlachten treu zu Diensten", erklärte Wido. „Einst gehörte er dem legendären Keltenkönig Artaunon. Er soll eine Gabe des großen Saxnot gewesen sein, der ihn eigens handgeschmiedet hat. Dieser Sax ist demnach ein göttliches Schwert und wer dieses führt, der ist angeblich unbesiegbar."

„Aber der Sax zerbrach!"

Wido nickte bestätigend. „Während der letzten Schlacht. Verstehst du nun meine Zweifel? Ich hob meinen Sax gegen den Anführer der Franken und scheiterte. Nur der Wendigkeit meines Hengstes habe ich es zu verdanken, dass ich dem Tode entfliehen konnte."

„Ihr zweifelt doch nicht etwa an unserem Kriegsgott?", fragte der Tiufel ungläubig.

„Nicht nur an ihm. Auch an Wodan und Thunar. So oft brachte ich ihnen Opfer, doch mir scheint, sie stehen uns nicht länger bei. Und nun, da Saxnots Schwert zerbrach, deute ich dies als schlechtes Omen."

„Ihr dürft nicht an unseren Göttern zweifeln! Bevor ich zum Hellmann wurde, habe auch ich zahlreiche Kämpfe überstanden, bis ich mein Bein verlor. Dennoch standen mir die Götter stets bei und ich habe nie den Glauben an sie verloren. Ihr müsst einfach genau hinhören und hinsehen, dann werdet ihr ihre Zeichen deutlich erkennen!"

„Ihre Zeichen? Es wäre mir Zeichen genug, wenn dieser Sax seine Macht zurückerlangen würde. Du bist nicht nur der Hüter des Feuers, sondern ebenfalls ein Schmied. So sag: Vermagst du dieses Schwert zu richten, auf dass es erneut tauglich ist für den Kampf?“

„Bedaure, mein Herr, aber solch ein besonderes Schwert kann nur Saxnot wieder richten“, erklärte der Tiufel und schaute Wido mit sorgenvollem Blick an. Auch er wusste, dass der zerbrochene Sax kein gutes Zeichen war. Und er wusste, dass viele Hellmänner ihre Ludrenplätze bereits verlassen hatten, da die Franken diese nicht nur vertrieben, sondern auch verfolgten, genauso wie die Kräuterweiber und all jene, die sich nicht bekehren ließen.

„Diese Christenmenschen werden uns alle ausrotten! Sie zerstören unsere Heiligtümer, verachten unsere Götter und wollen uns ihren Glauben aufzwingen! Von mehreren Hellmännern im Umkreis fehlt schon lange jede Spur. Ihre Feuer sind erloschen und ich hörte, dass viele Signaltürme bereits von diesen Christen eingenommen wurden.“

„Das stimmt. Ich war neugierig auf ihren Gott und wollte mehr über ihn erfahren. Daher ging ich heute früh als Bettler getarnt in einen dieser Türme. Man hat ihn zu eine ihrer Kirchen umgebaut und ich nahm am Gottesdienst teil. Nun, ich muss zugeben, dass es mich beeindruckt hat und ich seither viel nachgedacht habe. Vermutlich ist ihr Gott tatsächlich mächtiger als unsere alten Götter. Dies hat der zerbrochene Sax ja bewiesen.“ Mit diesen Worten warf Wido sein Schwert ins lodernde Feuer.

„Was tut Ihr?“, sprach der Tiufel entsetzt und bemühte sich, nicht die Beherrschung zu verlieren. Des Edelings Worte würden die Götter nun zweifellos erzürnen, und solch einen besonderes Sax so achtlos in die Flammen zu werfen, würde es gewiss nicht besser machen, selbst wenn die Waffe nicht mehr kampftauglich war.

„Wenn Saxnot wirklich all diese Macht besitzt, so wird er nun ein neues Schwert aus dem Sax formen, auf dass ich die Franken damit endgültig besiege“, erklärte Wido ruhig.

Dann schwiegen beide Männer und starrten lange Zeit gebannt ins Feuer, doch nichts geschah.

Wido seufzte: „Siehst du, Tiufel? Es geschieht nichts. Saxnot wird uns nicht helfen. Der Christengott ist viel mächtiger als unsere Götter. Jene, die an ihn glauben, sind stärker als wir. Und es sind einfach zu viele, als dass wir sie besiegen könnten. Du bist einer der letzten Hellmänner. Du solltest besser gehen, bevor die Franken auch dieses Gebiet einnehmen. Sie machen Jagd auf deinesgleichen und reden den Menschen ein, dass ihr böse seid, also sei auf der Hut. Da den Leuten aus den Siedlungen untersagt wird, die Hellmänner weiterhin mit Lebensmitteln zu versorgen, wirst du bald auf dich gestellt sein."

Seit dieser Begegnung war nun einige Zeit vergangen. Schweren Herzens hatte der Tiufel die Hell schließlich verlassen und lebte nun verborgen im Wald. Es war kalt und er vermisste das Feuer der Hell. Der Hunger ließ ihn verzweifeln. Im Dunkel der Nacht hatte er sich bereits einige Male in die Siedlung geschlichen, um jene zu bestehlen, die ihn einst versorgt hatten.

Immer wieder hatte er Kontakt zu den Göttern gesucht, Opfer gespendet und sie verzweifelt angefleht, doch sie erhörten ihn nicht. Er wusste, dass er nicht der Einzige war, der den alten Göttern huldigte. Viele, die bekehrt wurden, taten heimlich dasselbe, dies hatte er mit eigenen Augen gesehen. Ebenso hatte er erfahren, dass der Edeling mit dem Anführer der Franken verhandelt hatte und bald schon getauft werden würde.

Die Götter schienen sich wohl tatsächlich abgewendet zu haben.

Pamela Murtas, *1975 in Frankfurt-Höchst geboren, lebte seit ihrem zehnten Lebensjahr in Italien, wo sie an der Deutschen Schule Mailand ihr Abitur absolvierte. Nach drei Jahren Moskauaufenthalt kehrte sie nach Italien zurück, um in Rom professionellen Reitsport zu betreiben. Seit 2007 wohnt sie erneut in Deutschland. Neben ihrem vierteiligen Abenteuerroman „Destini" hat sie in verschiedenen Anthologien veröffentlicht.*

Das falsche Blut

Reimar von Haldenburg kehrte heim von den Kriegen als ein Mann, dessen Herz schwerer war als die Rüstung, die ihn einst mit Stolz erfüllt hatte. Lange hatte er die Wege des Kreuzes beschritten, zuletzt gegen die Ketzer in Böhmen, die Bethlehemiten, jene Anhänger des Jan Hus. Doch die blutigen Kreuzzüge, der Rauch verbrannter Dörfer, die Schreie der Gequälten, die Augen der Kinder, ehe sie abgeschlachtet wurden, hatten seinen Glauben an das, was recht und heilig sei, zutiefst erschüttert. Heimgekehrt sehnte er sich nach Frieden, einem stillen Leben inmitten einfacher Menschen, weitab von Krieg und Blutvergießen.

So fand er sich schließlich in Eichenwald ein, einem kleinen Dorf, in dem sich die Zeit selbst wie ein stiller Fluss zu bewegen schien. Die Bewohner, einfache Bauern und Handwerker, nahmen den Fremden mit Scheu, doch auch mit gutem Willen auf. Von einem früheren Kreuzritter wie ihm versprach man sich Schutz und Stärke, sie boten ihm an, eine verlassene Hütte am Dorfrand zu beziehen.

Bald vernahm Reimar von einem geheimen Stolz der Dorfbewohner: der Reliquie des heiligen Maurus, dessen Blut, das man in einem gläsernen Gefäß in der kleinen Kirche aufbewahrte. Die Dorfbewohner waren überzeugt, dass das Blut Wunder zu wirken vermöge, dass es jene heile, die wahrhaft gläubig seien, und dass es eine göttliche Macht über das Dorf ergieße. Besonders ehrfürchtig verehrte die Witwe Alisande das heilige Blut, die im Dorf als fromme Frau bekannt war und es verstand, das Vertrauen der Menschen zu gewinnen.

Der Behälter, den man im Kirchengewölbe aufgestellt hatte, war kostbar, fein verziert und von ehrwürdiger Erscheinung, und Reimar wunderte sich, wie ein einfaches Dorf an einen solchen Schatz gekommen war. Auf seine Fragen blieben die Dörfler jedoch verstockt. Im Innern, im durchsichtigen Glas, lag das Blut – dick und von dunklem Rot, das durch die Schranken des Gefäßes geschützt blieb.

Ein jeder ehrte diese Reliquie, doch nicht ein jeder wagte sich ihr zu nahen; nur Alisande durfte das Gefäß berühren und pflegen. Wann immer es herausgenommen wurde – zum Todestag des heiligen Maurus, bei Fürbitten zum Wohl des Dorfs oder Kranker –, geschah das Wunder: Das geronnene Blut des Heiligen verflüssigte sich.

Zunächst suchte Reimar nicht nach Glauben oder Wunderzeichen. Doch war ihm Alisandes Einfluss im Dorf unheimlich, da sie ihm mehr Macht zu haben schien als der Priester selbst, das alte Misstrauen des Kriegsmannes regte sich in seinem Herzen. Er erinnerte sich an einen Alchemisten, dem er einst auf dem Kreuzzug begegnet war. Dieser hatte ihm von sonderbaren, fast magischen Mixturen berichtet, und eine davon, wie der Alchemist ihm versichert hatte, vermochte den Anschein eines *Blutwunders* zu erzeugen. Das Elixier bestand aus einem feinen Staub aus Mineralien, vermengt mit tierischen Ölen, zu einem dichten Gelee geronnen. Durch Erschütterung aber, und eine solche ließ sich beim Hantieren mit der Reliquie kaum vermeiden, wurde die Masse wieder flüssig und nahm die Gestalt von Blut an, die den Glauben eines jeden an Wunder bestärken würde.

Als Reimar nun sah, wie die Dorfbewohner all ihre Hoffnungen und Gebete an das Blut des heiligen Maurus knüpften, erinnerte er sich an die Erzählungen des Alchemisten und wurde von einem nagenden Zweifel heimgesucht. Konnte es sein, dass diese Reliquie nichts weiter als ein Trugbild war? Ein Werk menschlicher Hände, das den Geist täuschen sollte?

Eine Gelegenheit bot sich, als an einem düsteren Herbsttag fast alle Dorfbewohner mit der Feldarbeit beschäftigt waren und Alisande in ihr Häuschen gegangen war. Vorsichtig schlich Reimar sich in die Kirche, durch die das schwache Licht des grauen Tags dämmerte. Vor dem Altar angekommen, kniete er nieder, blickte auf das Gefäß und das *heilige Blut* darin. Er beugte sich vor, um die Reliquie näher zu betrachten. Das *Blut* im Innern schien fest und unbewegt wie ein dicker, dunkler Tropfen, eingefroren in der Zeit. Doch bei genauem Hinsehen bemerkte er ein schwaches Glitzern, das ihm fremd erschien, als läge eine Spur feiner Körnigkeit darin, als wäre dies eher eine seltsame Masse, wie der Alchemist sie ihm beschrieben hatte, denn wirkliches Blut. Ein leises Schnauben ließ ihn erschrocken herumfahren.

Hinter ihm stand Alisande, ihre Gestalt in den Schatten der Kirche gehüllt. „Was tust du, Reimar von Haldenburg?“ Ihre Stimme klang ruhig, doch in ihren Augen loderte ein zorniges Licht.

„Ich suche nach der Wahrheit, Alisande“, erwiderte Reimar und richtete sich auf. „Dies ist nicht das Blut eines Heiligen. Es ist eine Täuschung, eine List, geschaffen aus weltlichen Dingen. Ich kenne die Alchemie, die nötig ist, ein solches Werk zu schaffen. Das Wunder ist nichts als ein Trug!“

Alisande verharrte, ihr Blick kalt und undurchdringlich. Nach einem langen Schweigen begann sie leise zu sprechen: „Du bist ein Narr, Reimar, ein Mann ohne Glauben und ohne die Weisheit, die wahren Wunder zu erkennen. Der Herr wirkt auf seine Weise, die Menschen brauchen Zeichen, um den Glauben zu finden. Ich bringe ihnen Hoffnung, du bringst ihnen Zweifel.“

„Du bringst ihnen Trug“, entgegnete Reimar scharf. „Dies ist kein Werk Gottes. Es ist deine eigene Macht, die du hier aufrichtest, über die Herzen einfacher Menschen. Was du tust, ist sündhaft, ist Täuschung.“

Doch Alisande schüttelte nur den Kopf und trat näher. „Wer bist du, dies zu beurteilen? Du, der du Männer erschlugst und Menschen verbranntest im Namen des Glaubens? Hast du je daran gedacht, dass du vielleicht für denselben Trug gemordet hast? Sie glauben an das Wunder, im Glauben finden sie Frieden. Wer bist du, dass du ihnen diesen Glauben rauben willst?“

Reimar sank in sich zusammen. Er fühlte die Schwere ihrer Worte wie ein Schwert in seiner Brust. Im Kampf gegen die Ketzer war sein Zweifel gewachsen, die Gräuel, die er im Namen Gottes und der Kirche begangen hatte, quälten ihn. Doch die Macht der Täuschung, die er hier vor sich sah, schien ihm ein Unrecht, das die Menschen verführte und im Dunkel hielt.

Am nächsten Tage versammelte er die Dorfbewohner auf dem Marktplatz und sprach zu ihnen von der Täuschung der Reliquie. Er sagte ihnen, dass das Blut im Gefäß nichts weiter als ein alchemistisches Elixier sei, ein Werk der Welt und nicht des Herrn. Doch die Dorfbewohner starrten ihn entsetzt und voller Abscheu an.

Ein alter Mann trat vor und erhob zitternd seine Stimme: „Du sprichst Lästerung, Herr von Haldenburg. Alisande hat uns durch das heilige Blut Heilung gebracht. Wie wagst du, das Werk des Herrn zu entehren?“ Die anderen Dorfbewohner nickten voller Glauben an das Wunder, das ihnen so viel Trost brachte.

In diesem Augenblick trat Alisande selbst hinzu, in ein tiefes Schwarz gehüllt, und blickte Reimar mit einem kalten, überlegenen Lächeln an. Sie hatte gesiegt, das spürte er. Der Glaube der Dorfbewohner war unerschütterlich, die Wahrheit, die er ihnen enthüllen wollte, war für sie nur ein Angriff auf ihren Glauben.

Noch in derselben Nacht verließ Reimar das Dorf, gehetzt von den Blicken der Dorfbewohner und von dem schmerzlichen Wissen, dass der Glaube ein allzu fragiles Gut war, das im Dunkel der Täuschung mehr Schutz fand als im Licht der Wahrheit.

Er wanderte weiter, auf der Suche nach einem Frieden, den er nie fand. Denn er wusste nun, dass die Lüge im Herzen des Menschen oft tiefer verankert liegt als jede Wahrheit, und dass das vermeintlich göttliche Licht nichts weiter war als ein armseliges Glühwürmchen, das im Dunkel schwirrt.

Zero Alala, *einst wohl geboren auf einem fernen Planeten, strandete in den ersten Minuten des Jahrtausends auf der Erde und lebt heute irgendwo im Ruhrgebiet mit sechs süßen Ratten, stillen Begleitern. Doch in der Stille entstehen Worte, die wie Rufe hinaus in die Welt gesandt werden, in denen sich die Weiten des Universums spiegeln, die nach Verbindungen haschen und Spuren hinterlassen in Gedichten, Geschichten und Gedanken auf der Suche nach dem, was Menschen und Sterne eint.*

Die Tochter des Waffenschmieds

Der schwere braune Stoff seines Habits reibt am Stiel der Hacke, als der junge Mönch sie fester packt. Vom Klostertor hallen Stimmen herüber. Neue Reisende, die ein Obdach für die Nacht suchen. Die Straße zwischen Ulm und Konstanz ist stark befahren. Jeden Tag beherbergt das Kloster Händler, Edelleute und andere. Eine gute Einnahmequelle.

Doch vor allem ein Quell der Sehnsucht. Von Zeit zu Zeit träumt der junge Mönch davon, mit ihnen zu ziehen. Seit er ein kleiner Junge war, kennt er nur das Kloster und die unmittelbare Umgebung. Nach Ulm oder Konstanz ist er noch nie gekommen. Er könnte gehen. Auf Pilgerreise, über Konstanz nach Rom, die Welt durchstreifen, und doch wäre er immer ein Außenseiter. Ein Beobachter. Kein Teil dieser weltlichen Gesellschaft.

Nur die Wehmut ist ihm sicher. Die Träume beim Anblick der vielgestaltigen Besucher. Manche von ihnen kommen hoch zu Ross, andere zu Fuß. Manche sind eingehüllt in edles Tuch, andere tragen kaum mehr als Lumpen.

Doch an diesem spätsommerlichen Nachmittag sind es nicht die Kleider, die seine Aufmerksamkeit erregen, es ist eine Stimme. Eine hohe Stimme, zweifellos einer Frau, klar wie die Luft an einem Wintermorgen und so hell wie die eines Singvogels an einem Sommerabend. Seine Augen suchen die Quelle und er erblickt ein Mädchen, gerade so im heiratsfähigen Alter, dessen lange, blonde Haare offen über ihren Rücken wallen. Ihre Haut ist weiß wie der Schnee und ihre blauen Augen funkeln wie Saphire aus der kaiserlichen Schatzkammer. Neben ihr steht ein groß gewachsener Mann, dessen Augen den ihren ähneln. Wie die Motte vom Licht angezogen wird, so zieht sie den jungen Mönch an. Doch als er zu ihr gehen will, hält ihn sein Ordensbruder auf. Er darf nicht. Er hat sein Leben Gott verschrieben.

Falsch.

Sie haben sein Leben Gott verschrieben. Er wurde nie gefragt. Doch nun ist es zu spät.

Er versucht, sie zu vergessen. Versucht, nicht zu hören, dass sie mit ihrem Vater, einem Waffenschmied, nach Konstanz will. Versucht, ihren Namen – Magdalena – nicht zu kennen, ja, ihn sogar als sündhaft abzutun. Doch es gelingt ihm nicht. Selbst als sie schon Tage fort ist, kreisen all seine Gedanken um sie.

Warum darf er nicht? In einem anderen Leben würde er für sie wilde Blumen am Feldrand pflücken. In einem anderen Leben würde er ihre Küsse stehlen. Doch er hat kein anderes Leben. Er hat nur das eine.

Er sollte sein Glück schmieden. Der Entschluss beginnt in ihm zu reifen, und als er genug Mut aufbringen kann, geht er zum Fluss. Er legt seinen Habit ans Ufer, dann macht er sich mit wild schlagendem Herzen davon. Sollen sie glauben, er sei ertrunken.

Bei einem Bauern gelingt es ihm, gegen einen Kreuzer Wams und Hose zu erstehen – endlich ist er frei. Viele Tage wird er gehen müssen, um Konstanz zu erreichen. Er meidet Klöster, schläft oft unter freiem Himmel und wird mehr und mehr zu einem weltlichen Mann. Seine Haare verraten ihn nicht mehr, seine Gesten verraten ihn nicht mehr, seine Zunge verrät ihn nicht mehr.

Neu geboren erreicht er schließlich die Reichsstadt am Bodensee. Staunend zieht er durch die Gassen, besieht sich das geschäftige Treiben, hört das Geschrei der Händler auf dem Markt. Beinahe hätten ihn die Eindrücke überwältigt, dann besinnt er sich auf sein Ziel.

Nach einigem Herumfragen weist man ihm schließlich den Weg zur Waffenschmiede. Wird er sie gleich wiedersehen? Sein Herz schlägt ihm bis zum Hals, als er endlich das Haus des Waffenmeisters erreicht. Doch was nun? Mittellos kann er nicht um seine Tochter bitten. Sollte er wieder gehen? Sein Glück suchen, um sein Glück später mit ihr zu finden?

Nein. Er ist so weit gereist. Er kann sie nicht wieder verlassen. Und ehe er es sich versieht, klopft er an die große, schwere Holztür an: einmal, zweimal, dreimal.

Das Mädchen öffnet ihm. Ihr Anblick verschlägt ihm die Sprache, er schluckt, doch er findet keine Worte, während sie mit einem gütigen Lächeln den Kopf schieflegt und dann nach ihrem Vater ruft.

Polternd nähert er sich. Die Hände von der Arbeit schmutzig, den Bart von der Hitze versengt. Das Gesicht mit Ruß bedeckt. Er mustert den jungen Mönch mit zu Schlitzen verengten Augen, dann fragt er ihn, was er denn wolle. Und der junge Mann, kaum Herr seiner Sinne, bringt noch immer kein Wort heraus. Da ist es das Mädchen, das für ihn spricht.

Er komme sicher wegen der Stelle als Lehrling. Er wolle das Schmiedehandwerk erlernen, meint sie und geistesgegenwärtig nickt der junge Mann.

Ja, das wolle er. So könne er ihr nahe sein. Will sie ihm nah sein? Hat sie ihm deswegen geholfen? Es muss mehr sein als reine Höflichkeit. Sein Herz schlägt höher, schneller, überschlägt sich. Zu gern würde er ihre zarten Finger küssen, ihr bezauberndes Odeur einsaugen, sich ihrer Reinheit hingeben.

Doch nicht hier. Nicht während ihn der alte Schmied so eindringlich mustert: seine dünnen Arme, die schlaksige Statur, das hagere Gesicht. Er ist nicht für die Schmiede gemacht, doch könnte geformt werden. Ein ungeschmiedetes Stück Eisen. Rohes Erz. Nachdenklich nickt der Meister. Er solle sich beweisen, meint er nur, die Tochter würde ihm die Kammer zeigen.

So zieht er beim Schmied und seiner Tochter ein. Er bemüht sich nach allen Kräften, dem Schmied ein guter Schüler zu sein, will er doch bleiben, sich als würdig erweisen, der Tochter gefallen.

Und er ist gut. Lernt eifrig, wird stärker, stattlicher, ein echter Mann, einer, der er nie geglaubt hat, sein zu dürfen.

Wann immer er Zeit findet, spricht er mit ihr, einem klugen Mädchen, deren Inneres dem Äußeren in nichts nachsteht. Sie schreibt Gedichte, er fügt Bilder zu den Worten. Mehr und mehr verliebt er sich in sie. Versucht sie zu beeindrucken und glaubt alsbald, die Anziehung beruhe auf Gegenseitigkeit.

Eines Tages, das Gesicht von der Arbeit über dem Amboss mit Schweiß bedeckt, die Hände schwarz, sieht er einen Ritter in die Schmiede kommen. Der Meister reicht ihm ein Schwert, er dankt es ihm mit Gold. Ein gutes Geschäft, doch nicht das einzige, welches geschlossen werden soll.

Denn als auf des Vaters Ruf die Tochter die Werkstatt betritt, weiten sich die Augen des Ritters. In ihrem sonnengelben Kleid ist sie das einzige Licht in der Schmiede. Ihr wallendes Haar fließt wie flüssiges Gold über ihre Schultern und dem jungen Lehrling wird heiß, heißer als es ihm über glühendem Metall je werden könnte. Ihre Augen huschen zum Vater, dann zu dem Gast. Sie knickst höflich, dann lächelt sie. Lächelt bei Anblick des Ritters. Lächelt, wie sie den jungen Schmied nie angelächelt hat.

Mona Lisa Gnauck, *2000 geboren, studierte nach dem Abitur Geologie/Mineralogie und absolvierte eine Ausbildung zur Journalistin. Schon in der ersten Klasse entdeckte sie ihre Faszination für das geschriebene Wort. Heute arbeitet sie als Autorin und akademische Ghostwriterin. Mehr von Mona Lisa findet ihr auf Instagram unter @lokistochter.*

Des edlen Albrechts Minnedienst!

Höret her, edle Herren und Damen! Setzet Euch nieder, auf dass Eure Herzen von der Kunst der Minne berührt werden mögen, denn heute bringe ich Euch die Kunde eines edlen Ritters und seiner tiefen, unerschütterlichen Liebe!

In jenen Tagen, da Frieden unser Land segnete und die Sonne über grünen Wiesen tanzte, ward ein Fest zu Ehren des Fürsten ausgerufen. Fanfaren erklangen und das Turnier versprach Ruhm und Ehre. Tapfere Ritter aus fernen Landen kamen herbei – ihre Lanzen zogen die Blicke der holden Weiblichkeit auf sich und ihre Schwerter glänzten scharf wie ihr Selbstvertrauen.

Doch – höret nun gut zu! – mitten unter all jenen Helden stand einer, Schlacht erfahren und vom Mut beseelt, dessen Herz in jenem Augenblick nicht nach Ruhm allein dürstete – nein –, sondern vielmehr nach der gewogenen Gunst einer Dame, deren Schönheit das Antlitz der Morgensonne verblassen ließ. Ihr Name, so süß wie der Duft von Rosen in der Sommernacht, war Isolde. Ihr Anblick vermochte es, selbst die kühnsten Herzen ins Wanken zu bringen.

Als aber jener hier von mir besungene Held Albrecht, ein Ritter von untadeligem Ruf, sie zum ersten Male gewahr wurde, da durchfuhr ihn der heiße Pfeil des Verlangens. Sein Herz – ach! – es schlug höher und höher. Mutig trat er vor sie hin und mit sanften, doch entschlossenen Worten auf den Lippen beugte er das Knie.

„Hohe Dame Isolde“, sprach er. „Ich, Albrecht von Falkenstein, will Euch als meine Minne erwählen und all mein Tun Eurer Ehre widmen.“

So nahm die Geschichte ihren Anfang, liebe Zuhörer. Aber bedenket, edle Leut’, dass auch ich zum Leben brauch, was jeder von Euch reichlich hat. So füllet denn mein Säcklein hier und … Herr Wirt, wo bleibt das nächste Bier?

Doch wie es der Minnedienst verlangt, ist nicht jede holde Dame schnell gewonnen. Die Minne, ach, sie ist kein leichter Schatz, den man so einfach erringt, wie man eine Lanze bricht oder ein wildes Ross zähmt. Nein, die Minne verlangt Geduld, Treue und einen reinen Willen.

Und so geschah es, dass der edle Ritter Albrecht, obwohl er sich mutig vor der Dame Isolde verneigte, ihre Gunst nicht sofort erlangen konnte.

Sein gluterfülltes Herz suchte nach einem Zeichen – ein Wort, ein Lächeln von ihr –, das hätte ihm genügt, doch Isolde war klug. Sie wusste, dass viele Ritter zur Minne sprachen, nur um sich mit schmeichelnden Worten zu brüsten, die sobald gesagt, längst vergessen waren.

So blickte sie kühl auf Albrecht hinab und sprach: „Edler Ritter, Eure Worte sind wohl gewählt und ich höre sie mit Achtung. Doch saget mir, wie kann ich gewiss sein, dass Eure Minne mehr ist als nur das flüchtige Verlangen eines Mannes nach Ruhm? Ist es nicht oft so, dass Ritter, die solch hohe Worte sprechen, bald wieder fortreiten, ohne dass ihr Herz jemals wahrhaft berührt ward?"

Albrecht beugte sich noch tiefer. Seine Augen, voll ernster Zuneigung, blickten in die ihren und er schwor: „Hohe Dame, bei meinem Schwert und bei allem, was mir heilig ist, schwöre ich Euch, dass meine Minne rein ist wie das Wasser eines klaren Baches und beständig wie der Stein der Berge. Alle meine Taten, von diesem Tage an bis in ferne Zeiten, sollen einzig und allein der Ehre dienen, die Euch gebührt."

Da lächelte Isolde, und ihre Worte waren wie der sanfte Hauch des Windes, der durch die Bäume fährt: „So sei es, edler Ritter. Zeiget mir, dass Eure Worte keine leeren Phrasen sind, sondern der wahren Minne entspringen."

Oh, edle Herren und Damen, so vergingen die Tage und der tapfere Albrecht wich nicht ab von seiner selbst auferlegten Pflicht. In jeder seiner Taten, ob klein oder groß, suchte er die Gunst Isoldes zu gewinnen. Doch Minne, wie wir wohl wissen, prüft nicht selten jene, die nach ihr streben.

Tags ein Held, abends ein Minnegänger: So saß Albrecht nach Sonnenuntergang mit pochendem Herzen vor den Burgmauern, hoffend, seine Minne zu erblicken. Doch Isolde, klug wie sie war, empfing ihn nur selten und nie für lange, denn sie wollte sehen, ob seine Hingabe auch die Stärke der Beständigkeit in sich trug.

Eines Nachts, als die Sterne hell über den Zinnen glänzten, trat Albrecht vor die Mauer und hob seine Stimme zu einem Lied – einem Lied, so sanft und treu, dass selbst die Vögel in ihren Nestern lauschten.

O Isolde, mein Herz, mein Licht,
die Welt verliert an Glanz, wo du nicht bist.
Dich zu ehren, dir zu dienen stets,
mein Lebenspfad sei dir geweiht, solang mein Herze schlägt.

Von ihrer Kammer aus vernahm Isolde das Lied, und für einen kurzen Augenblick schloss sie die Augen und ließ den Zauber dieser Worte tief in ihr Herz fallen. Doch als sein Lied verklang, schlich sich ein Gedanke in Isoldes Herz: „Ist solch eine Treue von Dauer oder wird sie vergehen wie der Tau im Morgenlicht?“ So beschloss Isolde, ihre Zofe zu rufen, und befahl ihr, dem Ritter eine Botschaft zu überbringen.

„Edler Albrecht“, sprach die Zofe im Namen ihrer Herrin, „Dame Isolde lässt Euch wissen, dass wahrhafte Minne nicht nur an Worten gemessen wird, sondern auch an Taten und Standhaftigkeit.“

Und so, edles Volk, fand sich der tapfere Albrecht erneut auf die Probe gestellt. Denn die Minne verlangt mehr als schöne Verse und zarte Gesten – sie verlangt Mut und das Feuer der Hingabe.

Eines Morgens vernahm Albrecht einen Ruf aus dem Burghof. Dort standen Herr Leonhardt, Isoldes Vater, und die edle Dame selbst umringt von Rittern und Knechten, die das farbenfrohe Banner des Hauses hielten.

Herr Leonhardt sprach laut: „Tapfere Männer, eine Jagd steht uns bevor. Ein gewaltiger Wolf bedroht unser Volk und Vieh nahe der Grenze.“

Albrecht sah seine Gelegenheit, sich zu beweisen, trat vor und verneigte sich. „Herr, erlaubt mir, den Wolf zu jagen um Euer Land und …“, er blickte zu Isolde. „Eure Lieben zu schützen.“

Die Bitte wurde ihm gewährt.

So ritt Albrecht in die tiefen Wälder. Die Stunden vergingen und die Schatten wurden länger. Doch endlich, als die Dämmerung nahte, entdeckte er die Spuren des Tieres. Er verfolgte die Spur bis zur Lichtung, wo der Wolf lauerte – ein mächtiges Tier mit silbernem

Fell und Augen, die im Zwielicht glühten. Es war ein Kampf, hart und erbarmungslos, doch Albrechts Herz brannte mit der Kraft der Minne, sein Arm führte das Schwert mit unerschütterlichem Glauben an die Liebe und alsbald gelang es ihm, das Tier zu überwinden.

Am nächsten Morgen kehrte Albrecht zur Burg zurück, das Wolfsfell als Beweis seiner Tat über den Schultern.

Herr Leonhardt sprach voller Anerkennung: „Edler Albrecht, Ihr habt Eurem Wort Ehre gemacht und unser Land von dieser Bedrohung befreit. Mein Dank!"

Da trat Isolde vor, ihr Blick weicher als je zuvor. „Ich sehe nun, dass Eure Worte nicht die einzigen Boten Eurer Minne sind", sprach sie leise und ihre Hand ruhte einen Moment in der seinen. „Euer Herz ist ebenso treu und stark, ich will Euch meine Gunst schenken."

Und so ward Albrechts Minne belohnt und die beiden schauten einander an, wissend, dass dieser Augenblick nur der Beginn einer Liebe war, die im Glanz großer Taten erstrahlte, aber auch in den leisen Gesten lebte – in sanften Gedichten, heimlichen Liedern, scheuen Blicken und zarten Küssen, die auf ewig Zeugnis von Ritter Albrechts Minnedienst gaben.

Und so, liebe Leut', endet mein Gesang für heut'. Hat's Euch gefallen, so werft etwas in den Sack; und wenn nicht, tut's dennoch, denn Barden leben davon, was das Volk ihnen gönnt. Auf dass wir uns bald wiedersehen!

Bernhard Finger *(geboren 1971) ist Pferdenarr, Mittelalterfan, Hobbykoch und begeisterter Bogenschütze. In seiner Freizeit schreibt er Kurzgeschichten, darunter Gruselstorys, die auch bereits in einer bekannten Heftromanserie veröffentlicht wurden. Heute schreibt und veröffentlicht er vor allem Märchen, Fantasy und gelegentlich Science-Fiction.*

Die wahre Geschichte der Jeanne d’Arc

Im Jahre 1424 saß Jeanne d’Arc wieder einmal vor dem Kamin in ihrem Wohnzimmer in Domrémy und dachte darüber nach, wie sie es schaffen konnte, dass endlich das wahr würde, was sie jeden Tag beim Morgengebet in der kleinen Kapelle in ihrem Wohnort sah.

Natürlich fragte sich auch Jeanne, ob das, was sie da sah, echt oder ob sie vielleicht doch einfach nur verrückt war. Doch je mehr sie darüber nachdachte, um so sicherer war sie, dass das keine Halluzinationen waren, sondern dass sie wirklich von Gott dazu beauftragt werden sollte, den Dauphin auf den Thron zu führen und dann gegen die Engländer in den Krieg zu ziehen.

Für ein junges Mädchen war das zu dieser Zeit alles andere als einfach. Schon als sie sich eines Tages am Fluss die Haare abgeschnitten hatte, bekam sie einen riesigen Ärger mit ihrem Vater. Ein Mädchen mit kurzen Haaren? Was sollten die Nachbarn denken? Und als Jeanne dann auch noch eines Tages die Hose eines ihrer Brüder anzog, einfach nur, um zu schauen, wie das sich anfühlt, kam ihr Vater früher von der Feldarbeit nach Hause und schmiss Jeanne in hohem Bogen aus dem Haus.

„Okay“, dachte sich Jeanne, „wenn ich schon aus dem Haus geschmissen werde, nur weil ich ausprobiere, wie man sich in einer Hose fühlt, dann ist wohl jetzt der Zeitpunkt gekommen, um das wahr werden zu lassen, was ich jeden Morgen in der Kapelle sehe.“

Doch so einfach war das im Jahre 1424 nicht. Man musste erst an einer Art mittelalterlichem Türsteher vorbei, wenn man den Dauphin[1] oder den König aufsuchen wollte.

Und was dieser mittelalterliche Türsteher davon hielt, wenn ein zwölfjähriges Mädchen zum Dauphin wollte, na, das kann man sich ja denken … Also bekam sie erst einmal nicht die Erlaubnis, den Dauphin aufzusuchen.

Als Jeanne wieder gegangen war, ging dieser mittelalterliche Türsteher zu seinen Hühnern und erschrak. Kein einziges Ei hatten sie gelegt, und das, wo er doch über 50 Hühner hatte. Auch wenn er nicht verstand, wie das zusammenhängen konnte, so war ihm doch klar, dass es etwas mit Jeannes Besuch zu tun haben musste. Also ließ er nach Jeanne schicken, die schon wenige Tage später erneut bei ihm war. Und bis dahin hatte seine Hühner immer noch kein einziges Ei gelegt.

Als Jeanne wieder vor diesem mittelalterlichen Türsteher stand, sagte dieser: „Gut, Jeanne, ich habe es mir überlegt und erlaube dir, den Dauphin aufzusuchen, ihn auf den Thron zu begleiten und ihm das vorzutragen, was du ihm vortragen möchtest." Kaum dass dieser Satz zu Ende gesprochen war, legten die Hühner auch wieder Eier und Jeanne machte sich auf den Weg zum Dauphin.

Doch auch beim Dauphin sollte es Jeanne nicht so einfach haben, dieser wollte erst einmal wissen, ob Jeanne ihn erkennen würde, auch wenn er den Platz auf dem Thron und die Kleidung mit einem seiner Diener getauscht hatte. Er sagte noch zu dem Diener, dass, wenn er nicht alles dafür tun würde, damit Jeanne auf die falsche Fährte gelockt werden würde, er seinen Kopf verlieren würde.

Doch als Jeanne kam, erkannte sie sofort, wer der richtige Dauphin war. Der Dauphin war allerdings weiterhin skeptisch und so ging er mit Jeanne in ein Zimmer und sagte ihr, dass sie erst einmal beweisen müsse, dass sie wirklich Jeanne d'Arc sei.

Zwei Stunden waren der Dauphin und Jeanne ganz alleine in dem Zimmer – bis die Türe aufging und der Dauphin sagte: „Sie ist es! Ja, ich bin mir sicher, sie ist es."

Der Bischof, der sehr neugierig war und versucht hatte, an der Türe zu lauschen, fragte den Dauphin: „Was hat sie Euch denn gesagt, dass ihr so sicher seid, dass sie die echte Jeanne ist?"

Doch der Dauphin antwortete dem Bischof: „Das kann und darf ich Euch nicht sagen, aber seid sicher – sie ist es."

Bald schon führte Jeanne den Dauphin auf den Thron, der nun König von Frankreich war, und sie kämpfte in einigen Schlachten für die Franzosen, nicht zuletzt auch bei Orleans, wo die Franzosen einen großen Sieg erlangten und Jeanne im Ansehen erst einmal stieg und so auch zu ihrem Beinamen *Jungfrau von Orleans* kam, obwohl sie doch eigentlich aus Domrémy stammte.

Leider verließ dann die Franzosen das Glück in den Schlachten, wodurch auch Jeanne im Ansehen sank, auch der französische König ließ sie von einem auf den anderen Tag im Stich und verriet sie an die Burgunder, die auf der Seite der Engländer kämpften. Bald schon wurde sie verhaftet und wegen verschiedener Punkte angeklagt. So stand in der Anklageschrift *Blasphemie* und vieles andere mehr, doch Jeanne ließ sich auch im Kerker nicht unterkriegen, auch wenn sie sich fragte, ob das jetzt wohl dazugehört, damit die Prophezeiung und ihre Visionen wahr wurden …

Natürlich versuchten auch der Bischof und seine Kardinäle herauszubekommen, was Jeanne damals im Schloss mit dem Dauphin gesprochen hatte, doch sie antwortete nur: „Ihr könnt mich gerne auf dem Scheiterhaufen verbrennen, aber was damals in dem Zimmer geschah, werdet ihr niemals erfahren."

Und so kam es, dass Jeanne auf dem Scheiterhaufen landete und erst viele Hundert Jahre nach ihrem Tod zur Nationalheldin Frankreichs wurde.

Als sie so auf dem Scheiterhaufen stand und es immer heißer wurde – sie hatte nicht das Glück, dass sie vor der Verbrennung getötet wurde, denn das, was sie getan hatte, verdiente nach Ansicht der Kirche diese Gnade nicht – schaute sie nur in den Himmel.

Der Himmel öffnete sich und eine Stimme sprach zu ihr, allerdings so, dass nur sie es hören konnte: „Ich bin Erzengel Gabriel, ich bringe dich in eine weit entfernte Zukunft, denn du hast es nicht verdient zu sterben. Und dort, wo ich dich hinbringe, nämlich in das Jahr 2024, bist du sogar Nationalheldin von Frankreich."

Die Zuschauer wunderten sich, als plötzlich ein riesiges Gewitter den Brand des Scheiterhaufens löschte und alles unter Wasser setzte. Die Menschen versuchten nur, noch irgendwie ins Trockene zu kommen.

Als das Gewitter vorbei war, war Jeanne verschwunden und auf dem Scheiterhaufen lag ein halb verkohltes, aber noch schlagendes Herz.

War das etwa Jeannes Herz?

Und wenn ja, warum war es nicht verbrannt?

Und wo war sie überhaupt …?

Vielleicht hat Gabriel sie ja wirklich in die heutige Zeit gebracht? Wer weiß das schon? Wenn ihr also ein junges Mädchen oder eine junge Frau trefft, die so ihre Schwierigkeiten in der heutigen Zeit hat, dann fragt sie doch mal, ob sie vielleicht Jeanne d'Arc ist …

1 Dauphin = Dauphin (Adel), den Kronprinzen des französischen Königshauses zurzeit der Valois und der Bourbonen, eine Art „Königsanwärter“ im französischen Mittelalter.

Susanne Weinsanto *wurde 1966 in Karlsruhe geboren.*

Die Rache der Wäscherin

Ihr Leben war hart, so hart. Jeden Tag wachte sie unter Schmerzen auf in ihrer Kate, die auseinanderzufallen drohte. Der Wind pfiff durch die Bretter und machte die paar Stunden Schlaf, die sie bekam, noch unangenehmer. So war das Leben aber nun mal. Als Wäscherin war man kaum mehr als der Absatz, auf dem die wichtigeren Menschen liefen.

Es hätte anders kommen sollen.

Anders kommen können.

Zehn Jahre war es her, da war Ulfberth ihr zugetan. Deutlich höher gestellt als sie machte er ihr dennoch den Hof. Sie glaubte an eine bessere Zukunft. Eine Frau von einfacher Herkunft, der ein Mann aus gutem Hause ein Leben versprach, dass sie niemals hätte anders erreichen können. Doch was tat dieser schändliche Taugenichts? Er bezirzte sie, er nahm ihr die Unschuld und ließ sie dann links liegen.

Da war sie nun. Kinderlos, unverheiratet, bettelarm. Hatte gerade genug, um nicht zu verhungern. Und mit jedem Tag wurde es schwerer für sie. Sie war mit ihren 28 Jahren schon lange keine wirklich attraktive Frau mehr. Heiraten würde sie sowieso keiner mehr. Zu sehr hatte Ulfberth über ihre Sündhaftigkeit geprahlt. Die Kirche hatte sie mehr oder minder verstoßen. Nur Kleidung waschen war ihr geblieben. Das konnte sie. Noch. Bald würden ihre Hände anfangen zu brennen und nie wieder aufhören. Das hatte sie bei anderen Wäscherinnen schon gesehen. Diesen Frauen blieb dann nur die Bettelei. Oder der Weg zur käuflichen Sünderin. Trotz der harten Arbeit war deren Unterhalt aber kaum höhre als der der Bettlerinnen.

Sie wusste nur eines. Irgendwann wollte sie Rache nehmen an Ulfberth. Sie sah ihn oft eingebildet wie einen Pfau durch die Straßen laufen, das Geld seines Vaters, eines reichen Kaufmann mit guten Beziehungen zur Grafschaft, verprassen. Dieser Durst nach Rache trieb sie an. Und heute begab es sich, dass sie die Chance für diese Rache bekam.

Sie war gerade dabei, einen Eimer Wäsche am Bachlauf kurz außerhalb des Dorfes mit Steinen zu bearbeiten und so Flecken zu entfernen, als plötzlich eine Kutsche den Weg hinter dem Bach entlangfuhr. Doch die hohe Geschwindigkeit und der holprige Weg ihres Dorfes waren zu viel für die Achse, die mit einem lauten Knall zerbrach. Die Kutsche kippte und blieb nach einigen Metern auf der Seite liegen. Der Reiter war über den Bock geflogen und lag reglos an der Seite der Straße. Die Kutsche war ebenfalls zerbrochen und einige Kisten lagen verstreut herum.

Sie rannte zum Ort des Geschehens, um zu helfen. Doch schon ein näherer Blick auf den Fahrer machte klar, dass hier jede Hilfe zu spät kam. So eilte sie zu den Kisten. Und hier fand sie etwas, das ihr ihre Rache endlich ermöglichen würde ...

Es vergingen ein paar Tage. Sie war wie so oft nach ihrer Arbeit in einem Gasthaus für Arbeiter eingekehrt und nahm eine einfache Speise aus Milch und Brot zu sich, trank ein dünnes Bier, als sich die Tür des Hauses öffnete und Ulfberth eintrat. Hochnäsig und ohne auf die Anwesenden zu achten, schritt er zur Theke. Genervt raunte er den Gastwirt an, der ihm die Miete abzählte und übergab.

Sie lächelte. Sie wusste, dass ihm das Haus gehörte und er jeden Mittwoch sein Geld einsammelte. Dies war schließlich seine einzig wirkliche Einnahmequelle – abgesehen von den Reichtümern seines Vaters. So wusste sie nur zu gut, was nun kam.

Sie folgte ihm zu einer einschlägigen Einrichtung, in der er seine Einnahmen direkt wieder umsetzten. Apolonia, eine Bekannte von ihr, hatte dies berichtet. Sie arbeitete dort und Ulfberth war so etwas wie ihr Stammkunde. Wie erwartet, brachte Apolonia Ulfberth in ein Zimmer des Hauses, in dem er auf Apolonia wartete, die sich nun bereit machen würde. Doch nicht heute ...

Sie betrat den Raum.

Ulfberth blickte auf: „Wer bist du denn?“, sprach er in seiner üblichen hochnäsigen Art.

„Oh Ulfberth, ich verstehe nicht, wie ein großer Mann wie Ihr mich vergessen kann.“

Sie packte so viel von ihrer Verzweiflung und Trauer in ihr Schauspiel, dass es sie selbst überraschte. „Vor zehn Jahren machtet ihr mir den Hof. Wir verbrachten eine sündige, aber wundervolle Nacht und ihr zogt weiter. Ich konnte euch nie vergessen. Und nun stehe ich vor euch. Zehn Jahre später. Gebrochen. Und alles, was ich ersehne, ist ein einziger Kuss von euch."

Ulfberth war amüsiert über diese Unterwerfung. Er stellte sich vor die Frau, sah sie mit einer Mischung aus Arroganz und Sadismus an. „Ah, ja, ich erinnere mich. An den Hals geworfen hast du dich mir damals. Fast schon angefleht, dich zu nehmen. Na ja, hässlich bist du immer noch nicht wirklich, aber mit so einer einfachen Sünderin will ich eigentlich nichts zu tun haben. Aber du weißt sicherlich, dass ich ein gnädiger Herr bin. Ich gebe und gebe dem Fußvolk dieses Deckslochs, ohne auch nur eine Belohnung zu erwarten. So will ich dir deinen Wunsch erfüllen, vielleicht bringt er dir etwas Glanz in deine abscheuliche Existenz." Er packte sie, zog sie an seinen Leib und küsste sie. Fast schon brutal, nicht annähernd zärtlich.

Sie musste sich zusammenreißen, um sich nicht zu übergeben.

Als er von ihr abließ, war sein Grinsen noch breiter: „Ich gehe davon aus, dass ihr für den Rest eurer Tage Befriedigung darin findet."

Sie begann zu lachen. Lauthals und unheimlich, sodass Ulfberth verwirrt dreinblickte. „Den Rest meiner Tage. Treffender hättest du es nicht sagen können. Denn deine Tage sind genauso gezählt. Du weißt es nur noch nicht. Lass mich dir helfen."

Aus ihrem Unterrock holte sie eine Phiole hervor und warf sie Ulfberth zu. Er las den Schriftzug und stellte fest, dass das Gefäß leer war. „Arsen?"

Die Frau lachte wieder: „Richtig. Und der Kuss war dein Ende. Siehe, bevor ich hier in diesen Raum kam, trank ich es. Behielt einiges davon auf meiner Zunge, auf meinen Lippen. Und durch den Kuss hast du es nun auch in dir." Sie stolperte nach vorne, hielt sich an einer Stuhllehne fest.

Ulfberth brach der Schweiß aus: „Das ... das ist Mord."

Sie lachte schwach: „Und? Ich bin gleich tot. Meine Rache ist vollendet. Und nun sieh zu, wie ich krepiere. Denn alles, was mir in den nächsten Minuten passiert, wird bei dir Stunden dauern."

Mathias Büchner, *geboren am 28.04.2984 in Worms, ist ein Autor, der bisher keine große Vita aufbringen kann. Allerdings kann er schon auf einiges an Erfahrung zurückblicken. Von Fanfiction über Songtexte und Rollenspiel-Abenteuer hat er schon alles geschrieben. Nun will er mit seinen Geschichten in die klassische Schriftstellerei eintauchen.*

Ein Tag im Leben der Tempelritter

Paris 1271

Nur mit Mühe unterdrückte Tankrede ein Gähnen, als er den anderen Brüdern in die Kapelle folgte. Keiner der zwanzig Männer sagte ein Wort. Sie alle schwiegen, als sie den langen Gang entlangschritten. Nur Toran an der Spitze hatte den Kopf erhoben.

So hatte sich Tankred das Leben als Templer nicht vorgestellt. Vor allem nicht jeden Tag mitten in der Nacht aufzustehen, um zu beten. Aber auch das gehörte eben dazu. Tankred, der selber nur der achte Sohn einer einfachen Bauernfamilie war, hatte nie viel gehabt. Sein ältester Bruder hatte den Hof geerbt, er selbst musste sehen, wo er blieb.

Daher war seine Entscheidung, zu den Templern zu gehen, einfach gewesen. Dort hatte er als dienender Bruder begonnen, da er kein Ritter war und nicht von Adel, von Geld ganz zu schweigen. Dennoch hatte sein Meister etwas in ihm gesehen und ihn zu einem vollwertigen Mitglied der Ritterbrüder gemacht. Ein Segen, wenn man bedachte, dass andere dieses Privileg nicht bekamen.

Neben ihm tauchte Landry auf und zwinkerte ihm zu. Sie hatten beide fast zur gleichen Zeit als Novizen begonnen und waren recht schnell Freunde geworden. Daher war es nicht verwunderlich, wenn sie zusammen Dienst taten und auch zusammen trainierten.

Sie, die Tempelritter, waren nicht nur Mönche, sondern auch Krieger, Soldaten in einem heiligen Krieg. Das Erlernen von Lesen und Schreiben gehörte ebenfalls dazu – und Tankred tat es gern. Ebenso wie der Kampf, aber das ständige Beten machten ihm zu schaffen.

Es war nicht einmal vier Uhr und sie begannen mit der Laudes, einem Teil des Stundengebetes, an dem alle Brüder anwesend sein musste, die sich im Tempel befanden. Da Schweigen als Gold betrachtet wurde, sagte niemand einen Ton, bis sie die Kapelle erreichten.

Dort knieten die Brüder nieder, während Toran, einer ihrer Kaplä-ne, nach vorn trat. Sein weißer Mantel mit dem roten Kreuz leuchte-te regelrecht im sanften Kerzenschein. Er begann mit dem Invitato-rium und die Brüder senkten die Köpfe.

Die Worte zogen an Tankred vorbei und er hörte nur halbem Ohr zu. Seinem Freund schien es ähnlich zu ergehen. Immer wieder ver-zog er leicht das Gesicht. Dann war es auch schon wieder vorbei und man entließ sie. Mit steifen Gliedern erhoben sich die Männer. Es war kalt in der kleinen Kapelle. Der Winter ließ nicht mehr lange auf sich warten. Dabei war die Ernte erst vor ein paar Wochen ein-gefahren worden.

Die Vorratsspeicher ihres Tempels waren gut gefüllt. Damit wür-den sie gut über den Winter kommen und auch für Armen bestand eine gute Chance, zu überlegen, denn damit konnten die Templer ihre Lebensmittelspenden großzügig verlängern. Auch wenn der Or-den gegründet worden war, um Pilgern im Heiligen Land beizuste-hen, so versorgten die Templer in Paris die Menschen mit Brot. Eine Aufgabe, die wichtig und angesehen war.

„Landry, Tankred, zu mir", bellte da Toran. Der Mann stand gera-de neben dem Tor zur Kapelle.

Sofort kamen die beiden Ritter dem Befehl nach. „Meister", sagten sie wie aus einem Munde.

„Ich habe eine Aufgabe für euch. Folgt mir." Damit wandte er sich um und schritt auf das Gebäude zu. Eilig folgten ihm die beiden. Toran führte sie zu seinem Arbeitszimmer und stellte sich dort an das Fenster. „Der König hat nach euch beiden verlangt. Näheres weiß ich nicht. Nehmt eure Waffen mit und saubere Mäntel. Ich möchte nicht, dass ihr den Orden blamiert." Auch wenn er das nicht extra betonen musste, so war es ihm wichtig. Ein Besuch bei ihrem König Philipp III – oder auch dem Kühnen – war immer ein wichtiger Anlass und sie mussten sich von ihrer besten Seite präsentieren. Die letzten Jahre war die Beziehung zum Königshaus immer wichtiger geworden. Dabei ging es aber nicht nur um das Geld, welches der Orden dem Königshaus auslieh.

„Natürlich Meister. Wir brechen sofort auf. Reiten wir beide allei-ne?", erkundigte sich Landry.

„Ja, nur ihr beide. Der König möchte euch sehen. Und jetzt beeilt euch!" Damit scheuchte er sie nach draußen.

Tankred warf Landry einen fragenden Blick zu und dieser zuckte die Schultern. Nachdem sie ihre Sachen gewechselt hatten, gingen sie in den Stall. Dort reichte ihnen ein Novize bereits ihre Pferde Tatou und Kaspéri. Die beiden Hengste wieherten freudig, als sie ihre Herren sahen. Landry streichelte Tatou sanft über die Nüstern. Die Beziehung von einem Reiter zu seinem Schlachtross war von jeher wichtig. Auch Tankred streichelte den schwarzen Kaspéri, der den Kopf schüttete und ihn mit der Nase anstupste. Dabei peitschte sein Schwanz hin und her.

„Na, dann wollen wir mal." Beide Ritter schwangen sich in den Sattel und ließen die Pferde im Schritt durch das Tor gehen.

Der Weg bis zum Schloss war nicht weit. Unterwegs grüßten sie immer wieder Händler und Marktfrauen. Dankenswerterweise gingen ihnen die Kinder aus dem Weg.

Die Straße war von dem Regen aufgeschwemmt und bestand aus Schlamm, daher kamen sie nur langsam voran. Die Luft war erfüllt von Gerüchen der Stadt – von verfaulten Lebensmitteln und ungewaschenen Menschen bis hin zu nasser Erde. Ein Geruch, der ihnen bekannt war, aber Landry dennoch die Nase rümpfen ließ. Wahrscheinlich würde er sich nie daran gewöhnen.

Unterwegs grüßten sie noch einige Passanten, bis sie den königlichen Hof erreichten. Dort übergaben sie ihre Pferde an den Stallburschen, zwei der königlichen Wachen eskortierten sie in den Palast und zu König Philipp II. Dieser stand in seinem Arbeitszimmer und diskutierte mit einer Handvoll Beratern. Respektvoll warteten beiden Templer, bis sich der König ihnen zuwandte.

„So, dann kommen wir zu euch. Ich verlange, dass ihr meine Frau Isabelle und meinen Sohn Ludwig nach Tunis begleitet. Sorgt dafür, dass alles geplant wird und meine Frau genug Wachen bekommt."

Für einen Moment herrschte Stille, dann verbeugte sich Landry. „Wie Majestät wünschen. Wann soll die Reise stattfinden? Wie viele Personen und Wagen werden es sein?"

Philipp rümpfte die Nase und wandte sich wieder der Karte an der Wand zu. Diese war neu und ein getreues Ebenbild von Frankreich. „Macht das mit meinen Seneschall aus. Passiert meiner Frau und meinem Kind etwas, lasse ich euch töten. Und jetzt verschwindet." Damit winkte er sie davon. Landry und Tankred verbeugten sich und zogen sich zurück.

„Was war das denn?“, flüsterte Landry, als sie in einem recht schmucklosen kleinen Raum standen.

„Der König. Dann sehen wir zu, dass uns der Seneschall alles Wichtige dazu sagt. Wir müssen heute noch zur Armenspeisung. Zudem kommt nächste Woche Gabriel aus dem Lazarus Orden zu uns“, sagte Tankred. Es blieb eben immer viel Arbeit, vor allem für einen Ritter.

Die Tage waren lang, die Nächte kurz. Dennoch erfreute sich Landry daran, dass der König sie mit dem Schutz seiner Familie beauftragt hatte.

Der Seneschall betrat mit einigen Unterlagen den Raum und begann mit ruhiger und nüchterner Stimme, die Befehle zu erteilen. Aufmerksam hörten Landry und Tankred zu. Es würde noch sehr viel Arbeit auf sie zukommen.

Später halfen die beiden Rittern den Novizen, die Lebensmittelspenden zu verteilen. Eine harte Arbeit, denn arme Menschen gab es in der Stadt sehr viele. Dennoch gehörte es zu ihrem Leben dazu. Genau wie der Schutz von Pilgern auf ihren Reisen von Europa ins Heilige Land.

Die Reise der Königin und ihres Sohnes Ludwig würde in einem Monat beginnen – bis dahin gab es für alle Beteiligten noch viel Arbeit. Nicht nur für die Templer, sondern für alle Diener des Königshofes.

Doreen Pitzler *wurde in Sachsen-Anhalt geboren und ist dort aufgewachsen. Schon früh entwickelte sie eine Vorliebe für gute Geschichten und inspirierende Welten. Zu Schulzeiten verband sie diese Vorliebe mit ihrer eigenen blühenden Fantasie und begann mit den Schreiben eigener Geschichten.*

Hammer und Kerbe

„Ehrwürdiger Herr Doktor Luther, was Ihr hier heut' an die Türe schlagt, das wird nicht ohne Widerhall bleiben. In drei Jahren, so wahr ich hier stehe, wird Papst Leo selbst den Bann über Euch sprechen und Euch aus der heiligen Mutter Kirche verstoßen!"

Ich weiß, die erste Regel des Zeitreisens lautet: nichts anfassen. Aber diese Bemerkung konnte ich mir einfach nicht verkneifen, als der alte Antisemit, dessen Hasspamphlete es bis in Nazischulbücher schafften, dank denen meine damaligen Vorfahren je nach Glück in Auschwitz oder den USA landeten, an diesem 31. Oktober 1517 in Wittenberg seine tollen Thesen an die Kirchentür nagelte. Ein Tag, der durch die zunftlose Handwerksarbeit des Sektengründers das Ende des Mittelalters einläutete. *Alt* mag der falsche Begriff sein – er stand kurz vor seinem 34. Geburtstag, auch wenn er älter aussah und wohlgemästet schien. Allzu sehr nagte der Augustinermönch wohl nicht am Hungertuch, während er, wenn auch nicht zu Unrecht, jammerte, dass der Papst sein ausschweifendes Leben über Ablassbriefe finanzierte, die den anderen wohlhabenden Todsündern gegen entsprechendes Entgelt ein Plätzchen im Himmel sicherten.

Wie die Hitze einer rot glühenden Zeitmaschinenhülle am Ende der Reise strahlte mir angesichts meiner Bemerkung sein Hass entgegen, obwohl er nichts von meinen noch ungeborenen Ahnen wusste. Wenn Glaube töten könnte … nun, das kann er aber wie Berge versetzen nicht aus sich selbst heraus, sondern nur, indem er die Gläubigen dazu bringt, etwa in all den Religionskriegen, die der Kirchenspaltung durch Luther folgten: der Deutsche Bauernkrieg, der nicht einmal mehr sieben Jahre in der Zukunft lag, mit hunderttausend Toten noch vergleichsweise harmlos; die Französischen Religionskriege mit Millionen Toten und Massakern wie der Bartholomäusnacht; der Achtzigjährige Krieg der protestantischen Niederlande gegen die katholische Herrschaft Spaniens mit ein paar Hunderttausend Toten; der Dreißigjährige Krieg zwischen katholischen und protestantischen Mächten in Mitteleuropa mit vielen Millionen Todesopfern. Abermillionen insgesamt allein im nächsten halben Jahrtausend, verursacht durch Kämpfe, religiöse Verfolgung und deren soziale Folgen, umgerechnet gerade mal gut fünfzig Todesopfer pro Tag, fast nichts, bedenkt man all das Gute, das Religion vermag wie … nun, bestimmt fällt mir etwas ein, das nicht klingt, als würde ich die Vorzüge von Heroinsucht schildern, wenn ich mich bemühe. Oder auch nicht.

„Sei's drum!", rief er mit scharfer Stimme und schwang den Hammer wie ein Schwert. „Die Vergebung der Sünden kann allein durch Gottes Gnade erlanget werden und nimmermehr durch die verderblichen Ablassscheine, die da feilgeboten werden."

„Sünden?", gab ich zurück. „Mag sein, dass der Ablasshandel offiziell bald schwinden wird, doch seine Fratz' wird sich in neuen Gewändern zeigen: Kirchensteuer, Kollekten, Sternsingerbettelkinder, Zehnten oder Spenden an die Häuser der neuen Glaubensherren, die im Prunke schwelgen."

„Was faselt Ihr da daher?"

Womöglich irritierte ihn nicht nur, was ich sagte, sondern auch wie: Mein damaliges Deutsch, hier in der Übersetzung kaum wiederzuerkennen, war trotz wochenlangen Crash-Kurses alles andere als perfekt, ein Wort wie *Megachurch* existierte nicht, dazu mein amerikanischer Akzent.

„Eure Worte sind Tollheit und fremd dem Glauben. Wahrlich, mich dünkt, Ihr seid des Satans!"

Ich konnte mir ein Lachen nicht verkneifen. Denn dies war meine zweite derartige Konfrontation mit Luther, wenn auch für ihn die erste. „Ihr seid recht spaßig", erwiderte ich. „Wir begegneten uns bereits in vier Jahren und Ihr werdet mich wiederum Teufel schelten und gar ein Tintenfass nach mir werfen."

In der winterlich beheizten Stube auf der Wartburg hielt er mich für den Gottseibeiuns, der ihm das Übersetzen der Heiligen Schrift madigmachen wollte, weil ich ihn, der unerkannt als Junker Jörg dort abgestiegen war, bei seinem wahren Namen ansprach und so seine lebenslangen Ängste vor Dämonen triggerte, selbst wenn der Dämon nur ein Mäuschen in der Wand war.

Er traf nicht, die Tinte kleckste ein Stück Rorschachtest an die Wand. Einige Jahrzehnte lang erzählte man sich anfangs gar, ich – also der Teufel – hätte das Tintenfass, eine bleierne Hohlkugel mit dreieckigem Loch, an die Wand geschleudert, aus Wut darüber, dass ich Luthers Worte nicht habe bezwingen können. Später wurden beide Versionen als Legende abgetan, der Tintenfleck aber immer wieder, mal hier, mal da, an den Putz gepinselt, weil viele der protestantischen Pilger ein Stück vom gefärbten Kalk abkratzten, um es als Devotionalie mit nach Hause zu tragen.

Ich würde mich nicht wundern, wenn sie in den Klecks das Antlitz ihres Lieblingshalbgotts pareidolierten wie in Wolken oder verbrannten Toast. Selbst als der Fleck seit einem Jahrhundert verschwunden war und nicht mehr erneuert wurde, schworen viele, ihn mit eigenen Augen gesehen zu haben. Religion eben. Was der Irre dort fabrizierte, die Bibelgeschichten von Fabelwesen, wie sie im Original standen, war den Gläubigen später dann so peinlich, dass sie sie neu *übersetzten*, sodass aus den Einhörnern, Sirenen und feurigen fliegenden Drachen verschämt Wildstiere, Eulen und Nattern wurden: religiöse Pentimenti.

Mit dem Tintenfleck kein Jahrzehnt später, auf der Veste Coburg, den Luther ebenfalls dem Satan zuschrieb, habe ich jedoch nichts zu tun, ich schwöre beim fliegenden Spaghettimonster. Allerdings tippe ich eher auf einen leibhaftigen Zeitreisekollegen als auf den Höllenfürsten.

Er blickte mich fassungslos an, dann rief er mit erhobener Stimme: „Ein Satanskind seid Ihr, das diese ungeweihten Worte spricht! Solch frevles Gerede ist dem Herrn ein Gräuel – Eure Zunge soll sich ein Brandmal holen ob solcher Lästerung."

Ich zuckte mit den Schultern und schmunzelte. „Ach, Herr Doktor, seid nicht so hitzig. Auch wenn man Kirchen und Straßen nach euch nennen wird, was denkt Ihr, das die Leute aus euren Einhörnern und Drachen machen werden?"

Er schüttelte so heftig den Kopf, dass ihm bald die Mütze herunterfiel. „Was spinnt Ihr da von Einhörnern? Der Herr hat allerhand wunderliche Kreaturen erschaffen; doch was tut dies zur Sache? Einhörner, Drachen und all solches Getier, das Er allein zu Seiner Ehr' in der Schrift verzeichnet hat!"

„Und dennoch wird man es aus der Schrift tilgen wie euren Tintenfleck an der Wand.“

Luther schnaubte und hob den Hammer, als wolle er mich erschlagen. „Wer die Schrift wandelt, der wandelt das Wort Gottes selbst! Wer der Heiligen Schrift Hand anlegt, der sei verflucht in Ewigkeit! Die Heilige Schrift bleibt unbefleckt, wie Gott unbefleckt bleibt, was immer Dämonen wie Ihr auch tun mögen.“

Ich lachte. „Sei's drum“, echote ich, wandte mich ab und ging davon, ich hatte schon zu viel gesagt. Der Herbstwind blies raschelnde Blätter um meine Beine und ich schritt fort ins dämmrige Licht des späten Oktobers.

„Das also war das Ende des Mittelalters. Am Ende wird alles gut, heißt es, und wenn es nicht gut ist, ist es noch nicht das Ende.“ Das finstere mittelalterliche Denken jedenfalls war längst nicht am Ende, es blieb viele Jahrhunderte erhalten. Die Hochzeit der Hexenverfolgung etwa liegt in der Frühen Neuzeit, neben dem biblischen Hexentötungsgebot und der Kleinen Eiszeit mitverursacht durch die Religionskriege und die dadurch ausgelösten Seuchen und somit Luther. Ganz zu schweigen von all den Präsidenten, die angesichts ihres religiösen Wahns statt ins Oval Office in eine geschlossene psychiatrische Einrichtung gehört hätten.

Immerhin aber bescherte dieser Tag mir eine weitere Kerbe an meiner Zeitmaschine.

Achim Stößer *ist Informatiker und veröffentlicht seit 1988 Science-Fiction-Kurzgeschichten. Sein Erzählband „Virulente Wirklichkeiten“ erschien 1997, seine Story-Sammlung „Die dunkle Seite der Erde“ 2024. Als Angehöriger einer ethischen Minderheit gründete er 1998 die Tierrechtsinitiative Maqi. Entsprechend zählen Antispeziesismus (und damit Veganismus), Antitheismus, Antifaschismus, Antisexismus usw. zu seinen Hauptthemen. Internet: https://achim-stoesser.de.*

Das Geheimnis

Elisabeth zog den Hut tiefer ins Gesicht. Die Wachen des Königs patrouillierten heute besonders aufmerksam, hatte sich doch der Papst angekündigt. Elisabeth war nervös, sie wollte auch gerne einen Blick auf den Papst werfen, aber sicher würden wieder nur die adeligen Menschen in den ersten Reihen einen Blick erhaschen können. Für das Volk, das der König immer so sehr lobte, weil es fleißig arbeitet und seine Abgaben zahlte, würde wahrscheinlich kein Gedeck in der königlichen Burg stehen.

Zum Essen wäre Elisabeth eh nicht gegangen, sie musste nach Hause. Dringend. Die Farbe hatte sich aus ihren Haaren gewaschen, als der Regen kam. Nun musste sie sich beeilen, damit ihre Mutter ihr helfen konnte. Ihre Mutter war eine sehr weise Frau, sie kannte sich bestens mit Heilkräutern und Tinkturen aus. Elisabeth lernte viel bei ihr, mehr als in der Schule, in der sie mit sechs weiteren Kindern war. Die meisten mussten in ihrem Alter schon arbeiten, so war Elisabeth ihrer Mutter dankbar, dass sie noch ein bisschen Kind sein durfte. Ihre Mutter war als Ärztin tätig, eine der wenigen Frauen, die diesen Beruf ausübten, aber mit ihren Heilkräutern war sie bei ihrer Arbeit sparsam. Meist verabreichte sie nur, was bereits bekannt und durch den König erlaubt war.

Elisabeth stieß die Tür zum Haus ihrer Mutter auf. Sie hatte es geschafft. Ihre Mutter stand mitten im Raum, ihr langes, schwarzes Haar fiel ihr über die Schultern. Elisabeth schaute sich im Raum um, dann zog sie den Hut herunter, ihre feuerroten Haare leuchteten. Ihre Mutter zog sie rasch von der Tür weg, setzte sie auf einen Stuhl und begann mit dem Einfärben ihrer Haare. Pechschwarz sollten sie wieder werden. Am Anfang hatte Elisabeth sich gewundert, warum niemand ihr feuerroten Haare sehen durfte, aber spätestens mit der Ankündigung, dass der Papst kommen würde, hatte sie es verstanden. Der König hatte viele Frauen und Mädchen mit roten Haaren gezwungen, in den Fluss zu springen. Und jedes Mal hatte der König gelacht, wie die Frauen und Mädchen um ihr Leben kämpften. Das ganze Dorf war dabei gewesen und hatte zugeschaut und gegrölt: „Hexe! Hexe!“ Mehr als einmal war sie dabei gewesen. Auch weil ihre Mutter immer wieder den Tod der Frauen feststellen musste. Keine der Frauen war eine Hexe gewesen.

Seit zwei Monden hatte der König sich etwas Neues ausgedacht: einen Scheiterhaufen, wie er es nannte. Dabei wurden überwiegend rothaarige Frauen an einen Pfahl gebunden und unter ihnen wurde ein Feuer entzündet.

Ihre Mutter hatte Elisabeth nach Hause geschickt, dies war zu grausam. Seitdem verstand Elisabeth, warum sie seit ihrer Geburt ihr feuerrotes Haar verbergen musste. Warum sie immer einen Hut dabei haben sollte und warum niemand sehen durfte, wer sie wirklich war.

Einmal im Monat trafen ihre Mutter und sie sich mit Frauen, die auch sehr gelehrt in der Heilkunde waren. Einige waren aus ihrem Dorf, andere kamen aus den umliegenden Dörfern. Sie trafen sich immer in einer Höhle im Berg, immer nachts. Dabei hatte Elisabeth beobachtete, dass einige der Frauen wie ihre Mutter ein kleines Feuerwerk entzünden konnten. Nur mithilfe von Pulver aus dem Steinen. Von dem Tag an hatte Elisabeth ihre Mutter für unbesiegbar gehalten, doch ihre Mutter hatte sie eindringlich gewarnt, es niemanden zu sagen.

Endlich waren ihr Haare wieder schwarz und Elisabeth hüpfte vom Stuhl herunter, als es an der Tür klopfte. Königliche Abgesandte schicken, die Ärztin solle beim Papstbesuch zugegen sein.

Elisabeth konnte ihr Glück kaum fassen, sie würde den Papst sehen! Sie griff nach ihren Hut und nahm die Hand ihrer Mutter. Sie wollte ganz artig sein. Ihr Mutter schenkte ihr ein herzliches Lächeln, sie konnte ihrer Tochter dies nicht verweigern. Sie hoffte nur inständig, sie würden den Papstbesuch überleben. Denn der Papst war dafür bekannt, dass er Hexen gnadenlos verfolgen ließ. Aber ihrer Tochter zuliebe, setzte sie ihr schönes Lächeln auf, griff ebenfalls nach ihrem Hut und folgte den Männern hinaus.

Sie gingen auf den großen Marktplatz, auf dem sieben kleine Scheiterhaufen aufgebaut worden waren. Elisabeth erschrak – was hatte dies zu bedeuten. Die königlichen Gesandten deuteten ihr, sie möge mit ihrer Mutter Platz nehmen. Elisabeth hörte ihr Herz klopfen, war sie zu leichtsinnig gewesen? Hatte jemand ihr rotes Haar gesehen?

Noch während ihr diese Gedanken durch den Kopf gingen, wurden sieben junge Frauen auf den Marktplatz geführt. Die Menge grölte: „Hexe! Hexe!"

Elisabeth bekam eine Gänsehaut. Die Frauen sahen aus wie sie. Rotes Haar, helle Haut. Wieso glaubten die Menschen, dass es Hexen seien? Sie griff die Hand ihrer Mutter, die noch immer versuchte zu lächeln. Auf ein Winken des Gesandten stand ihr Mutter auf und ging zu den Frauen. Sie schaute ihnen in die Augen, in den Mund und fühlte nach ihrem Puls. Dann sagte sie: Sie könne nichts Ungewöhnliches bei den Frauen feststellen. Sie hätten keine Male oder andere Kennzeichen.

Eine der Frauen begann zu weinen. Es half nichts, sie wurden auf dem Scheiterhaufen festgebunden und sieben weitere Frauen mit rötlichem Haar wurden hereingeführt. Elisabeth kannte die Frauen aus dem Dorf. Eines der Mädchen war ihre Freundin. Es folgte derselbe Ablauf. Elisabeth begann zu weinen. Doch ihre Freundin wurde von den Gesandten zur Seite gewunken. Ihr blonden Haare fielen lang über ihr Schultern und Elisabeth konnte sehen, dass ihre Freundin gegen die Tränen ankämpfte. Das Mädchen folgte ihrer Mutter zu den Stühlen. Anscheinend war sie beim Hexentest durchgefallen.

Elisabeth wusste nicht, was sie sagen sollte. Das Mädchen setzte sich neben sie. Elisabeth strich sich durch ihr pechschwarzes Haar und schloss die Augen, als die Scheiterhaufen anfingen zu brennen. Die Schreie der Frauen durchdrangen die Dunkelheit der Nacht, als der Papst den Marktplatz erreichte.

Christina Reinemann *wurde 1982 in Kassel geboren. Sie studierte Geschichte, Psychologie und Chemie an der Universität Oldenburg. Im Jahre 2023 erschienen ihre Kurzgeschichten „Qualitätsmanagement" und „Lebe, Liebe, Lache" in einer Anthologie.*

Die Schatten des Krieges

Im Jahr 1618 lebte in einem kleinen Dorf im Herzen Deutschlands ein 13-jähriges Mädchen namens Anna. Sie war das einzige Kind von Maria und Jakob, einfachen Bauern, die ihr Bestes taten, um ihre Familie durch die harten Zeiten des Dreißigjährigen Krieges zu bringen. Die Felder waren karg, und die Nachrichten über den Krieg drangen immer wieder in ihr beschauliches Leben ein. Anna war ein neugieriges und mutiges Mädchen. Sie liebte es, im Wald mit ihren Freunden zu spielen und Geschichten über Ritter und Drachen zu hören. Doch die Realität war weit entfernt von den Märchen, die sie so sehr mochte. Der Krieg hatte bereits viele Dörfer verwüstet und die Angst vor Soldaten und Plünderungen schwebte wie ein dunkler Schatten über ihrer Heimat.

Eines Tages hörte Anna von einer Gruppe von Flüchtlingen, die aus einem nahe gelegenen Dorf kamen. Sie erzählten von den Schrecken des Krieges – von brennenden Häusern und verlorenen Familien. Anna fühlte sich unwohl bei dem Gedanken, dass das auch ihr Dorf treffen könnte. Doch gleichzeitig verspürte sie einen Drang, mehr über die Welt außerhalb ihres kleinen Lebens zu erfahren.

Als sie eines Nachmittags im Wald spielte, begegnete sie einem jungen Soldaten namens Lukas. Er war nicht viel älter als sie selbst und hatte eine ernste Miene. Er erzählte ihr von seinen Erlebnissen an der Front und den Kämpfen zwischen Katholiken und Protestanten. Anna hörte gebannt zu, während er von Mut und Verlust sprach.

Die Tage vergingen und der Krieg rückte näher. Eines Nachts hörte Anna das Geräusch von Hufen und das Klirren von Rüstungen. Eine Gruppe Soldaten hatte ihr Dorf erreicht. In Panik versteckte sich Anna mit ihrer Mutter im Schuppen hinter dem Haus. Als die Soldaten plünderten, schwor sich Anna, dass sie etwas tun musste. Am nächsten Morgen entschied sie sich, Lukas zu suchen. Vielleicht konnte er ihr helfen oder sie zumindest aufklären über das Geschehen in der Welt. Mit einem kleinen Bündel Proviant machte sie sich auf den Weg in die Stadt, wo sie hoffte, Lukas zu finden. Der Weg war beschwerlich und voller Gefahren, aber Anna war fest entschlossen. Sie wollte nicht nur ein passives Opfer des Krieges sein; sie wollte verstehen, was vor sich ging und vielleicht sogar helfen.

Als Anna die Stadt erreichte, war sie überwältigt von dem Anblick. Überall waren Soldaten, Flüchtlinge und Händler, die ihre Waren anboten. Die Luft war erfüllt von Geschrei und dem Geruch von Rauch. Die Stadt war eine Mischung aus Angst und Hoffnung.

Anna fragte jeden, den sie traf, nach Lukas. Schließlich erfuhr sie, dass er in einem nahe gelegenen Lager stationiert war. Mit klopfendem Herzen machte sie sich auf den Weg dorthin. Als sie das Lager erreichte, sah sie Zelte und Männer in Rüstungen, die müde und hungrig wirkten.

Endlich fand Anna Lukas. Er saß am Feuer und schien in Gedanken versunken. Als er sie sah, sprang er auf und rief: „Anna! Was machst du hier? Es ist gefährlich!"

„Ich wollte wissen, was passiert", antwortete Anna mutig. „Ich kann nicht einfach zusehen, wie mein Dorf leidet."

Lukas sah sie ernst an. „Der Krieg ist grausam, Anna. Du solltest nicht hier sein. Es gibt nichts für dich zu tun."

Aber Anna ließ sich nicht entmutigen. „Ich kann helfen! Ich kann Essen bringen oder mit den Verwundeten sprechen."

Lukas seufzte und wusste, dass es keinen Sinn hatte, ihr das auszureden. „Wenn du wirklich helfen willst, dann komm mit mir ins Lazarett."

Im Lazarett angekommen, wurde Anna mit der brutalen Realität des Krieges konfrontiert. Verwundete Soldaten lagen auf Matratzen aus Stroh; einige hatten schwere Verletzungen erlitten. Der Geruch von Blut und Desinfektionsmittel hing in der Luft. Anna half, so gut sie konnte, sie brachte Wasser und verband Wunden unter der Anleitung einer Krankenschwester namens Greta.

Die Wochen vergingen und Anna wurde zu einer wichtigen Stütze im Lazarett. Sie lernte, wie man Verletzungen versorgt und Trost spendet. Trotz der Schrecken, die sie sah, fand sie in den Geschichten der Soldaten und Verwundeten eine Art von Hoffnung. Viele von ihnen sprachen von Frieden und dem Wunsch, nach Hause zurückzukehren. Eines Tages kam ein schwer verletzter Soldat ins Lazarett, der Anna sofort vertraut vorkam. Es war Lukas. Er hatte sich in einem Gefecht verletzt und war nun auf Hilfe angewiesen.

Als er sie sah, lächelte er schwach. „Anna, ... du bist hier?"

„Ich lasse dich nicht allein", antwortete sie entschlossen und begann sofort, ihm zu helfen. Während sie ihn versorgte, sprachen sie über ihre Träume und Hoffnungen für die Zukunft. Lukas erzählte ihr von seinen Plänen, nach dem Krieg ein neues Leben zu beginnen – eines ohne Kampf und Leid.

Nach einigen Wochen der Genesung war Lukas bereit, das Lazarett zu verlassen. Anna wusste, dass es an der Zeit war, auch zurückzukehren. Gemeinsam machten sie sich auf den Weg zurück in ihr Dorf. Die Reise war lang und beschwerlich, aber die Gespräche zwischen ihnen gaben Anna Kraft. Als sie schließlich ihr Dorf erreichten, fanden sie es verwüstet vor – einige Häuser waren niedergebrannt, andere standen leer. Doch unter den Überresten entdeckten sie auch Überlebende: Nachbarn und Freunde, die trotz allem zusammengehalten hatten.

Mit Lukas an ihrer Seite half Anna dabei, das Dorf wieder aufzubauen. Sie organisierten Hilfsaktionen für die Verwundeten und Flüchtlinge aus anderen Dörfern. Langsam kehrte das Leben zurück – die Felder wurden neu bestellt und die Menschen begannen wieder zu lachen. Anna hatte gelernt, dass selbst in den dunkelsten Zeiten Hoffnung bestehen konnte. Der Krieg hatte viel genommen, aber er hatte auch neue Freundschaften geschmiedet und den Mut geweckt, für eine bessere Zukunft zu kämpfen.

Jahre später saß Anna mit ihren eigenen Kindern am Feuer und erzählte ihnen Geschichten über den Krieg – nicht nur die Schrecken, die sie erlebt hatte, sondern auch von der Hoffnung und dem Mut, den sie gefunden hatte. Ihre Kinder lauschten gebannt, während sie von Lukas sprach, der ihr treuer Freund geworden war und mit ihr zusammen das Dorf wieder aufgebaut hatte.

„Der Krieg hat uns viel gelehrt", sagte Anna sanft. „Er hat uns gezeigt, wie wichtig es ist, zusammenzuhalten und füreinander da zu sein. Wir dürfen nie vergessen, dass Frieden ein kostbares Gut ist."

Die Kinder nickten ernsthaft. Sie hatten die Geschichten ihrer Mutter oft gehört, aber heute schien es ihnen besonders wichtig.

Anna wusste, dass sie die Lektionen des Krieges an die nächste Generation weitergeben musste – nicht aus Angst vor der Wiederholung der Vergangenheit, sondern um sicherzustellen, dass ihre Kinder in einer Welt leben konnten, in der Frieden und Verständnis herrschten.

Als die Dämmerung hereinbrach und die Sterne am Himmel funkelten, versprach Anna sich selbst, dass sie alles tun würde, um ihre Kinder vor den Schrecken des Krieges zu schützen. Sie wollte eine Zukunft schaffen, in der Liebe und Mitgefühl regierten. Und so lebte Anna weiter in ihrem kleinen Dorf – als Hüterin der Erinnerungen und als Botschafterin des Friedens. Der Dreißigjährige Krieg war zwar eine dunkle Zeit gewesen, aber durch ihren Mut und ihre Entschlossenheit blühte das Leben wieder auf. In den Herzen der Menschen wuchs die Hoffnung auf eine bessere Zukunft – eine Zukunft ohne Krieg.

Anna Wehmer *ist 13 Jahre alt und lebt in Reutlingen. Sie liebt es, zu lesen und Zeit mit ihren Freunden zu verbringen. Mit großer Begeisterung schreibt sie Geschichten, meist nur für sich selbst. Ihre enge Freundschaft und die gegenseitige Unterstützung in ihrem Freundeskreis haben sie zu dieser Geschichte inspiriert. Sie hofft, dass sie den Lesern gefällt.*

Der Bastard und der Bär

Ein heftiger Sturm tobte. Der Wind fegte Schneeflocken über den Hof und mit einem lauten Rumpeln schlossen sich die Tore der Burg Pottenstein. Ein Reiter war noch in den Innenhof der Burg gekommen.

„Bursche, komm her und mach' deine Arbeit!", rief eine der Torwachen.

Martin hatte nur einen kurzen Blick hinaus erhaschen können, bevor ihm sein Fluchtweg versperrt wurde. Mit einem Seufzen zog er den Kragen seines Mantels hoch ins Gesicht, verließ den windgeschützten Stall und stapfte auf den Reiter zu. Martin verfluchte sein Pech. Bald wäre seine Arbeit erledigt und er hätte ungesehen durchs Tor schlüpfen können. Im Schutze des Sturmes wäre er im Dorf untergetaucht und am nächsten Tag aus diesem Landstrich verschwunden.

Vor einigen Jahren war er nach Pottenstein gekommen und hatte als Stallbursche angefangen. Er hatte einen trockenen Schlafplatz und eine warme Mahlzeit am Tag. Und er verbrachte die meiste Zeit draußen in der Nähe von Pferden, die er sehr mochte. Doch vor einer Woche war ein Flugblatt in Pottenstein eingetroffen. Heinrich der II. von Rabeneck war gestorben. Die Nachricht war unwichtig, wäre auf dem Flugblatt nicht noch eine Zeichnung des Verstorbenen abgebildet gewesen. Das lange Gesicht und die breite Nase, die Martin von ihm geerbt hatte, waren unverkennbar. Der Bastardsohn von Heinrich dem II. arbeitete in einem Stall!

Wenn das die Bediensteten in der Burg schnell begriffen hatten, dauerte es nicht lange, bis es jedes Waschweib im Landstrich wusste. Und damit auch Martins älterer Halbbruder, Heinrich der III. von Rabeneck. Heinrich war laut Testament ihres Vaters der alleinige Erbe von Rabeneck.

Für jeden vernünftigen Menschen war die Sache damit geklärt und Martin hatte ein Erbe schon lange abgeschrieben. Er wollte mit Pferden arbeiten. Ein geregeltes und ruhiges Leben, sonst nichts. Doch am Morgen kam Johann, ein guter Freund Martins und ein Bote, mit der Hiobsbotschaft nach Pottenstein. Heinrich der III. hatte ihn zur Fahndung ausgeschrieben, um ihn wegen falscher Erbschaftsansprüche zu exekutieren.

Martin hatte inzwischen den Reiter erreicht und nahm ihm die Zügel ab, damit er absteigen konnte. Schneeflocken wirbelten wild umher, Martin konnte kaum seine Silhouette ausmachen.

„Seid mir gegrüßt! Was bringt euch hierher?“, wollte der Vogt wissen, der gerade über den Hof kam.

Der Reiter schwang sich aus dem Sattel und landete schwer im schneebedeckten Hof. Er war massiv. Seine bullige Statur ragte zwei Köpfe über Martin auf und er hatte doppelt so breite Schultern. Der Reiter war in einen schweren Mantel gehüllt und hatte die Kapuze tief ins Gesicht gezogen, um sich vor dem Wind zu schützen.

„Seid gegrüßt, Herr Vogt“, sagte er, warf den Kopf herum und fixierte Martin mit kalten Augen.

Entsetzt ließ Martin die Zügel des Pferdes los und stolperte einige Schritte zurück. Konrad von Wiesent, genannt der graue Bär, treuer Vasall von Rabeneck, verzog das Gesicht zu einem boshaften Grinsen. „Da bist du ja, Martin“, sagte er gehässig. Zum Vogt blickend rief er laut. „Ihr beherbergt einen Verbrecher, dessen Vergehen mit dem Tod bestraft wird.“

Das riss Martin aus seiner Schreckensstarre. Er fuhr herum und rannte zurück in den Stall.

„Halt, bleib stehen!“, rief ihm der Bär hinterher und Martin hörte, wie ein Schwert gezogen wurde. Laute Rufe des Vogts ertönten, doch die Panik ließ Martin weiterrennen. Rasch floh er durch den Stall ins Innere der Burg. Dort rannte er ins Kellergeschoss und blieb erst stehen, als er in den Aufenthaltsraum der Boten platzte.

Dort saß Johann mit einem anderen Boten und zwei Köchen der Burg um einen Holztisch und spielte Karten. Alle Augen richteten sich verwundert auf ihn.

„Martin, was ist denn mit dir los?“, fragte Johann. „Du siehst aus, als hättest du den Tod gesehen.“

„Das ... das habe ich auch“, japste der und hielt sich die Seite. „Der Bär ist hier!“, stieß Martin hervor. „Heinrich hat ihn geschickt, um mich zu töten!“

„Verdammt!“, rief Johann und stand auf „Das ist der mieseste Hundesohn im ganzen Reich.“

Auch die anderen erhoben sich beunruhigt. Jeder kannte mindestens eine Geschichte von den Taten Konrads. Bedauerliche Zwischenfälle mit Unbeteiligten gab es in seiner Nähe oft.

„Ihr müsst mir helfen“, sagte Martin verzweifelt. „Er wird mich an Ort und Stelle erschlagen.“

Einer der Köche hob die Hände. „Tut mir leid, Martin, aber mit dem Bären lege ich mich nicht an.“ Sein Arbeitskollege und der andere Bote nickten zustimmend.

„Komm mit, ich bringe dich hier raus.“ Johann packte den noch immer schnaufenden Martin am Ärmel, zog ihn in den Gang und schmiedete bereits einen Plan.

„Das Burgtor ist zu, aber du kannst über die Mauer entkommen. Im Süden sind es nur zwanzig Fuß. Dort kannst du an einem Seil herunter und über den Hang herunter ins Dorf gelangen. Ich besorge ein Seil. Wir treffen uns an der südlichen Treppe. Bei diesem Sturm wird man uns auf der Mauer nicht entdecken können.“

Martin nickte erleichtert. Johanns Plan klang vielversprechend. „Ich danke dir, Johann. Was würde ich nur ohne dich tun?“, sagte er und rang sich ein Lächeln ab.

Johann klopfte ihm auf die Schulter. „Danke mir erst, wenn du etliche Tagesritte von hier weg bist.“

Kurz darauf wagte sich Martin in den Burginnenhof. Der Sturm tobte und Martin zitterte mehr vor Angst als vor Kälte.

Der Innenhof war verlassen. Vorsichtig stieg Martin die vereisten Stufen hinauf. Die Treppe befand sich direkt am Torhaus. Er hatte das obere Ende erreicht, kauerte sich an die Mauer und lugte den Wehrgang entlang. Das Zurückschieben eines Riegels schreckte Martin auf. Jemand verließ gerade das Torhaus. Mit einem lauten Knirschen schwang die Tür auf und vor ihm stand der graue Bär.

Martins Herz sank in die Hose. „Hab' ich dich!“, sagte der Bär mit einem fiesen Grinsen. Sein Schwert hatte er bereits in der Hand.

Martin warf sich herum und rannte die Mauer entlang. Ein selbstmörderisches Unterfangen, denn der Stein war stark vereist, die Sturmböen konnte den stärksten Mann ins Taumeln bringen und der dichte Schneefall beschränkte die Sicht. Doch wenn er stehen blieb, war ihm der Tod gewiss.

„Bleib stehen, du Nichtsnutz!“, brüllte der Bär hinter ihm.

Martin rutschte auf dem glatten Boden aus und fiel der Länge nach auf den Wehrgang.

„Halt!“, ertönte eine Stimme über ihm.

Johann war da, schritt an Martin vorbei und baute sich zwischen ihm und seinem Verfolger auf. Er hatte sein eigenes Kurzschwert gezogen.

Martin bekam Angst um ihn. Der Bär würde nicht zögern, auch den Boten anzugreifen. „Lauf weg, Johann! Bringe dich in Sicherheit!“, rief er.

Johann schüttelte den Kopf. „Ich bin ein offizieller Bote des Vogtes und stehe unter seinem Schutz.“

Doch der Bär griff ohne Vorwarnung an.

„Was zum ...“, entfuhr es Johann und war plötzlich in einem Kampf um sein Leben verwickelt.

„Verpiss dich, solange dir dein Leben lieb ist, Botenjunge“, knurrte der Bär, ließ heftige Schläge auf Johann niederhageln und drängte ihn weiter zurück.

Martin zog sich an der Mauer hoch und taumelte außer Reichweite. Dann hörte er Rufe von unten, der Kampflärm lockte die Bewohner der Burg in den Hof.

Johann fing einen weiteren Schlag ab, doch sein Fuß rutschte auf dem vereisten Stein weg und er verlor für einen Moment seine Balance. Dieser kurze Augenblick war alles, was der Bär benötigte. Blitzschnell schoss das Schwert heran und fuhr tief in die Brust des Boten.

„Nein!“, schrie Martin in Wut und Trauer auf.

Mit einem zornigen Brüllen warf er sich auf den Bären. Er war unbewaffnet und kein Kämpfer, doch das war ihm egal. Martin rammte ihn mit der Schulter voraus und prallte zusammen mit dem hünenhaften Mann gegen ein Zinnenfenster.

In diesem Moment traf sie eine starke Bö und warf beide von der Mauer. Martin schrie mehr aus Überraschung als vor Angst, als er dem zugeschneiten Berghang entgegenraste. Der Bär fiel wie ein Stein, traf mit einem furchtbaren Knacken auf den harten Felsen und rührte sich nicht mehr. Martin landete auf dem Toten und ihm wurde die Luft aus den Lungen gepresst. Schwer hustend richtete er sich auf. Er hatte Schmerzen, aber war unverletzt. Er wagte einen Blick nach oben. Er konnte die Zinnen nicht sehen, doch Rufe ertönten.

„Sie sehen mich nicht", erkannte Martin. Würde der Vogt ihn gefangen nehmen und seinem Bruder ausliefern? Dann wäre Johann umsonst für ihn gestorben.

„Nein", dachte sich Martin. Bis die Leiche gefunden würde, wäre er weit weg, am besten am anderen Ende des Reiches. Dort gab es auch Bedarf an Stallburschen. Er begann, durch den tiefen Schnee ins Dorf zu waten.

Marcel Streit, *geboren 1995, lebt in Unterfranken. Er promoviert gerade in der Biophysik und liest leidenschaftlich gerne. Seine Liebe zur Belletristik hat er trotz seines wissenschaftlichen Berufsfeldes nicht verloren. Deshalb schreibt er gerne spannende Geschichten mit den Schwerpunkten Fantasy und Science-Fiction. Seit 2022 wurden bereits mehrere seiner Kurzgeschichten in Anthologien veröffentlicht.*

Das Blatt wendet sich

Wann endete das Mittelalter? Noch heute, im 21. Jahrhundert, sind sich die Forscherinnen und Forscher darüber uneins. Sie ziehen unterschiedliche Ereignisse in Betracht, die aus späterer Sicht eine Zäsur zum Bisherigen bedeutet haben. Als an Geschichte interessierte Person kennt man die bekannten Ereignisse, die man sich als Schülerin oder Schüler schon für Prüfungen merken musste: die Erfindung des Buchdrucks mit beweglichen Lettern um 1450, die Eroberung Konstantinopels 1453, die Entdeckung Amerikas durch Kolumbus 1492, der Reformationsbeginn im Jahr 1517 oder der Beginn der Renaissance, der je nach Land früher oder später war. Es gibt noch weitere solche Ereignisse, sodass man sagen kann, dass der Übergang in die frühe Neuzeit fließend war. Die folgende, in diese Übergangszeit fallende Geschichte kann sich so oder auch anders zugetragen haben:

Leonhard, als siebtes Kind einer Bauernfamilie des Spätmittelalters geboren, hatte von den umwälzenden Ereignissen in der europäischen Welt zu seiner Zeit kaum etwas mitbekommen. Das Wissen darüber hätte auch die erbärmlichen Lebensbedingungen seiner Familie und ihrer Nachbarn nicht geändert. Das Leben der Menschen im Bauerndorf, in dem er vierzehn Jahre zuvor geboren worden war, ging seinen gewohnten Gang. Wie es viele Generationen vor ihnen getan hatten, schufteten die Untertanen von Sonnenaufgang bis Sonnenuntergang für ihren Grundherrn, den sie kaum zu Gesicht bekamen, denn zur Eintreibung der Abgaben schickte er immer seinen hartherzigen Verwalter. Das Einzige, was die dörfliche Gemeinschaft von ihm wusste, war, dass er mit seiner Familie in sehr angenehmen Verhältnissen lebte, nicht zuletzt dank der harten Arbeit, die sie für ihn leisteten. Obwohl Leonhards Vater und einige der Dörfler ihren Unmut darüber äußerten, akzeptierten sie ihre Welt, wie sie war. Man ergab sich gottesfürchtig in sein Schicksal.

Leonhard selbst war ein aufgeweckter Junge, der schon früh auf dem Hof mithelfen und harte Arbeit verrichten musste. Er hätte gerne lesen und schreiben gelernt, wie es den Kindern der reichen Bürger seit Kurzem möglich war. Doch eine Schulbildung war für Menschen aus seinen Verhältnissen undenkbar.

In den Jahren des Erwachsenwerdens hatte Leonhard immer mehr Widerstand in sich gespürt, das elende Leben hinzunehmen, in das er hineingeboren wurde. Er wollte sich aus dieser Abhängigkeit und Aussichtslosigkeit befreien. Seine eigenen Gedanken hatten ihn sehr beunruhigt und er hätte gerne mit seiner Familie oder bei der Beichte darüber gesprochen. Instinktiv hatte er jedoch gewusst, dass er damit alle alarmieren und eine unerwünschte, vielleicht sogar gefährliche Aufmerksamkeit auf seine Familie ziehen würde. So hatte er den Mund gehalten, doch in ihm gärte es weiter.

Seit Leonhard auf der Welt war, hatte seine Familie viele schwierige Zeiten erlebt: Wegelagerer hatten in einem Jahr das Dorf überfallen und es ausgeraubt, ein Sturm hatte in einem anderen Jahr einen Teil der Getreideernte vernichtet, dann waren alle Kälbchen an einer rätselhaften Krankheit gestorben und über die Jahre hatten mehrere Geschwister von Leonhard die ersten Lebensmonate nicht überlebt. Jahr für Jahr hatte Leonhards Familie mit Widrigkeiten zu kämpfen gehabt, doch sie hatten immer einen Weg gefunden, zu überleben und die vom Grundherrn geforderten Abgaben zu leisten.

Doch in diesem Jahr, von dem ich berichte, war es anders. Leonhards Mutter war im Frühling erneut schwanger geworden. Bereits im Frühsommer rissen die Äcker wegen der großen Trockenheit auf und brachten kaum Pflanzen hervor und auch die Menschen und Tiere litten Durst.

Es zeichnete sich ab, dass nicht nur die Ernte, sondern auch die Schwangerschaft schwierig werden würde. Schließlich waren die Beschwerden der Mutter so schlimm geworden, dass sie, die durch alle Schwangerschaften und Geburten hindurch gearbeitet hatte, nicht mehr aufstehen konnte. Eine herbeigerufene kundige Nachbarin – denn einen Arzt konnten sie sich nicht leisten – schüttelte nur bekümmert den Kopf, als sie Leonhards Mutter sah. Der Vater verstand, dass seine Frau ohne Hilfe bald sterben würde, und entschloss sich zu einem gewagten Schritt. Er zog sein Festtagsgewand an, dessen Stoff ganz dünn geworden war, und hieß Leonhard, seinen verständigsten

Sohn, das Gleiche tun. Dann machten sie sich zusammen auf, beim Grundherrn um Hilfe zu bitten.

Nach einem stundenlangen anstrengenden Fußmarsch erreichten sie das herrschaftliche Haus des Grundherrn. Die Wachen wollten ihnen zuerst den Zutritt verwehren, doch einer der Männer erkannte Leonhards Vater, einen seiner geschätzten Freunde aus Jugendtagen. Nach langer Wartezeit wurden sie vorgelassen. Der Grundherr empfing den Vater in seinem reich geschmückten Arbeitszimmer. Leonhard wurde angewiesen, vor der Tür zu bleiben. Von grosser Angst um die Mutter bewegt, schien ihm die Zeit zur Ewigkeit zu werden. Da trat endlich der Vater rückwärts aus der Tür, sich verneigend. Als er sich zu Leonhard umwandte, erschrak dieser ob des Vaters Gesicht.

„Was hat er gesagt? Hilft er uns?", bedrängte Leonhard den Vater. Doch dieser ergriff ihn wortlos am Ärmel und zog ihn weg, aus dem Haus hinaus.

Da Leonhard auf dem Heimweg nicht lockerließ, erzählte ihm der Vater schließlich von seiner Begegnung mit dem in edle Gewänder gekleideten, vom üppigen Essen und Trinken feist gewordenen Grundherrn. Dieser hatte dem Vater zuerst Prügel für sein in seinen Augen freches Ansinnen angedroht, sich dann doch beschwichtigen lassen und ihm zugehört. Schließlich hatte er sich bereit erklärt, einen Arzt zur Mutter schicken zu lassen unter der Bedingung, dass sich der Vater mit seiner Familie in die Leibeigenschaft verkaufen würde, um die Kosten zu decken.

Leonhard war vor Wut fast geplatzt und hätte er eine Waffe gehabt, wäre er wohl in mörderischer Absicht umgedreht. Was ihm am meisten Angst machte, waren die Überlegungen des Vaters, das Geforderte zu tun. Er sollte mit seiner Ahnung recht behalten, denn so geschah es. Seine ganze Familie geriet in Leibeigenschaft.

Der Grundherr hielt zwar sein Versprechen und schickte der Mutter den Arzt, doch dieser konnte nichts mehr ausrichten, sodass Leonhards Familie die Mutter am Tag nach der Sommersonnenwende zu Grabe trug. Während die Familie mit Freunden und Nachbarn beim Trauermahl lauthals den Verlust beklagte, flüchtete sich Leonhard nach draußen. Sein Herz vor voll von Schmerz und unbändigem Hass. Stundenlang irrte er herum, wilde Gedanken überschlugen sich in seinem Kopf.

Da fand er sich unter einem mächtigen Baum wieder und lehnte sich erschöpft an den Stamm. Als er ins dichte Laub hinaufschaute, kam ihm ein Spruch in den Sinn, den die Bauern jedes Jahr ihren Kindern zur Sonnensommerwende vorsagten: „Das Blatt wendet sich." Denn um Johannis, der Sommersonnenwende, senken beziehungsweise wenden sich die Blätter an fast allen Bäumen, um mehr Regen durchzulassen. Dies deuten die Bauern als Zeichen der Natur, dass der Höhepunkt des Jahres überschritten ist.

Leonhard nickte zu diesen Gedanken vehement. Der Höhepunkt seines Elends war erreicht, er wollte für ein besseres Leben kämpfen. Nicht lange danach flüchtete er aus dem Bauerndorf und schloss sich den Aufständen an, die im Jahr 1525 im großen Bauernkrieg kulminierten.

Für Leonhard hatte sich zur Sommersonnenwende nicht nur das Blattwerk an den Bäumen, sondern sein ganzes Schicksal gewendet. So hat er sich zum Begründer der heute noch gebräuchlichen Redewendung gemacht.

Manuela Klemenz *arbeitet seit einigen Jahren an einer Schweizer Hochschule und nähert sich der 60. Wieder angefangen mit dem Schreiben, vor allem von Kurzgeschichten und Gedichten, hat sie vor sieben Jahren. Ihre weiteren Hobbys findet sie im handwerklichen Bereich. Seit letztem Jahr veröffentlicht sie ihre Texte.*

Der Jungfrauenspiegel

So wie der Froschkönig keine Lust mehr hatte,
sich über die Jahrhunderte regelmäßig
von einer wütenden Prinzessin
gegen die Wand werfen zu lassen,
um sich in einen schmucken potenten Prinzen zu verwandeln,
so hatte auch der Spiegel, der geliebte Zauberspiegel,
eine Verweigerungshaltung eingenommen.

Er war es leid,
wie ein Papagei dieselben Worte zu plappern,
immer wieder Herr Allwissend oder Frau Allwissend zu spielen,
die Schönste im Land zu preisen,
die Gefühle der Königinnen und Prinzessinnen zu enthüllen,
die Schicksale seiner Besitzerinnen
– Königstöchter, Herzoginnen, Gräfinnen -
zu speichern.

Er hatte einen Sprung bekommen,
ähnlich wie bei einer beschädigten Festplatte.

Wenn du ihn heute anschaust, siehst du die Alterssplitter.
Fragst du ihn: „Spiegel, liebes Spiegelchen",
so kann es vorkommen, dass du ihm nur
Bruchstücke, Szenen, Puzzleteile,
aber nicht die ganze Wahrheit entlocken kannst.

Lieber Spiegel, liebes Spiegelchen,
was geschah Anno Domini 1387?

„Verzeiht, dass ich Euch in Eurem Schmerz störe! Aber Euer Bruder gab mir noch eine Schatulle für Euch mit! Ich reise erst morgen ab, dann könnt Ihr mir eine Antwort für meinen Herrn mitgeben!" Mit einer tiefen Verbeugung verabschiedete sich der Bote und verließ die Kemenate.

Geistesabwesend entfernte Marija das Tuch, in das die Schatulle zum Schutz vor unliebsamen Augen eingewickelt war. Liebevoll strich sie über den verzierten silbernen Deckel, der das Wappen der Kotromanićs trug. Das Öffnen der Schließe bereitete ihr keine Probleme – schließlich hatte sie sich als Kind einen Spaß daraus gemacht, die geheimen Fächer ihrer Mutter zu öffnen.

„Was hat der Ban Euch geschickt?", fragte Anna.

Für Anna war Stjepan immer noch Ban von Bosnien, obwohl er sich Anno Domini 1377 im Kloster Mileševa selbst zum König von Serbien, Bosnien, vom Küstenland und der westlichen Länder gekrönt hatte.

„Er hat meinen Bittbrief erhalten!", schoss es Marija durch den Kopf. Voller Hoffnung öffnete sie die Schatulle. In ihr funkelten Perlen, Edelsteine und Schmuck – der Traum jeder Prinzessin in Tausendundeine Nacht – Alf Layla wa-layla. Erleichtert sank Marija in sich zusammen. Dies würde ihr über die nächste Zeit hinweghelfen. „Lies mir vor, was Stjepan geschrieben hat, Anna!"

„Anno Domini 1387. Mea sororcula! Ich hoffe, es geht Euch gut und Ihr seid bei bester Gesundheit. Vorab, Maria ist gerettet, aber Gott hat uns eine schwere Prüfung auferlegt. Ihr habt vernommen, dass unsere innig geliebten Cousinen Jelisaveta und Maria von den Horvatbrüdern gefangen genommen wurden. Sie beschuldigten Jelisaveta, machten sie für den Tod von König Karl von Durazzo verantwortlich. Offensichtlich geschah die Gefangennahme auf Befehl von Sigismund. Schande über ihn und seine Familie! Er hat den Horvatbrüdern Ländereien in Nordbosnien versprochen. Ich wollte es nicht glauben, aber Maria beschuldigte ihn. Maria ist kaum ansprechbar. Sororcula, Ihr müsst stark sein! Jelisaveta ist vor den Augen von Maria erwürgt worden! Wir konnten Maria rechtzeitig befreien, aber für Jelisaveta kam jede Hilfe zu spät. Mea amica Jelisaveta! Ich wollte ihren Tod rächen, aber Sigismund ist mir zuvorgekommen. Offensichtlich wollte er unliebsame Zeugen zum Schweigen bringen. Es sind unruhige Zeiten. Die Türken sind ein Dorn in meinem Fleisch. Wahrscheinlich steht uns wieder Krieg bevor. Vlatko Vuković und Lazar Hrebeljanović rüsten ihre Truppen – es ist nur noch eine Frage der Zeit, bis es zur entscheidenden Schlacht kommt. Ich fühle, dass meine Kraft schwindet. Auch ich habe Feinde, die mir nach dem Leben trachten. Mea sororcula, bitte bleibe auf Helfenstein! Dort bist du in Sicherheit. Ich sende dir eine Schatulle mit Schätzen. Wende dich an die Juden, die Geldverleiher. Marija, Ihr seid trotz Eurer Jahre immer noch eine schöne und reiche Frau. Ihr könnt nicht ewig um Ulrich trauern. Sucht Euch einen neuen Gemahl. Ihr wäret versorgt. Wenn Ihr wollt, rede ich mit Karl. Er hat uns schon mehrfach geholfen. Gebt meinem Boten eine Antwort mit! Adamo! Stjepan Tvrtko Kotromanić."

Die beiden Frauen sahen sich betroffen an. Lange Zeit herrschte Schweigen zwischen ihnen.

„Ihr solltet seine Hilfe annehmen!", sagte Anna zu Marija. „Ihr seid schon zu lange mit einem Toten verheiratet!"

Seufzend schüttelte Marija den Kopf. „Nein, Anna! Ich kann nicht!"

Anna wurde ärgerlich. „Ihr macht einen Fehler! Ihr spielt nur Eurer Schwägerin Blanche in die Hände und belohnt ihr Ränkespiel!"

Marija blieb stur. „Blanche! Was interessiert mich die liebliche Blanche oder ihr verliebter Trottel von einem Gemahl – dieser eitle Geck verarmten Adels! Blanche – undankbares Geschöpf – eitel, putzsüchtig, naiv. Kommt ein Schöngeist daher und behauptet, er würde sie glücklich machen! Verspricht ihr das Paradies auf Erden! Ein Schloss! Und was besitzt er? Weniger als nichts! Eine heruntergekommene Hütte im Wald! Blanche ist für mich gestorben! Ich habe meine Prinzipien! Wie anders war es bei Ulrich und mir! Ich habe Ulrich sehr geliebt! Unser Leben ist glücklich gewesen. Ohne ihn und mit einem anderen Mann hat das Eheleben keinen Reiz mehr für mich. Du kennst doch den Jungfrauenspiegel, Speculum virginum, mit der Rangordnung unseres gesellschaftlichen Ansehens: Jungfrauenstand, Witwenstand, Eheleben. Die Jungfernschaft ist das höchste Gut, der Witwenstand steht über dem Eheleben. Oder um mit den Früchten des Ackers zu sprechen: Die Jungfrauen ernten hundertfach, die Witwen sechzigfach und die verheirateten Frauen dreißigfach. Du weißt selber, wie wenig Macht wir Frauen haben. Ich hatte Glück. Ich konnte ein Leben wie eine Kaiserin führen, wie Adelheid, wie Theophanu, wie Eleonore – Ulrich hat mich nicht spüren lassen, dass ich als Frau im Grunde genommen nicht mehr wert bin als ein Stück Vieh, zwar eine preisgekrönte Kuh und eine Zuchtstute, aber eben ein Stück Vieh. Ulrich war anders als die meisten Männer. Er hat mich mit Respekt behandelt, ich durfte meine Meinung äußern, den Haushalt über die Mägde und die Knechte führen, das Gesinde beaufsichtigen, in seiner Abwesenheit Recht sprechen, er hat mich verwöhnt, ich weiß – vielleicht zu sehr. Und wenn ich an unsere Liebesgeflüster denke ... Kein anderer Mann kann sich mit ihm messen. Nein, ich bleibe allein und unabhängig! Wenn es gar zu schlimm kommt, kann ich immer noch, wenn auch verspätet Christus als Bräutigam wählen und in ein Kloster gehen. Omnia vincit amor! Schreibe dies! Morgen gebe ich dem Boten genau diese Antwort mit!“

Lieber Spiegel, liebes Spiegelchen,
wie geht das Leben von Marija von Helfenstein weiter?

Anja Apostel, *Diplom-Volkswirtin, Magister Artium, Veröffentlichungen in verschiedenen Verlagen; Infos unter: www.anjaapostelwixsite.com.*

Dunkle Welt

Dunkel sind die Welt und die Zeit ... Und die Menschheit sowieso ... Und dunkel soll es auch am besten bleiben! Damit brisante, weltenverändernde Wahrheiten nicht ans Licht kommen und das Volk dumm bleibt und am besten ganz verdummt. Damit es eingeschüchtert und gefügig bleibt. Damit die Leute aus dem einfachen Volk weiter brav funktionieren. Damit sie versklavt bleiben zum Nutzwert für die Obrigkeit. Damit sie unter Kontrolle bleiben. Damit sie untertan bleiben. Damit sie keine Macht erlangen und niemals die Oberhand gewinnen. Damit die Macht der wenigen Mächtigen und Übermächtigen nicht infrage gestellt und angetastet wird und somit ungebrochen bleibt.

Drum beseitigt und vernichtet sofort alle möglichen Störfaktoren, die das Wohl, den Wohlstand und vor allem auch die grundsätzliche Existenz der Obrigkeit bedrohen und gefährden könnten! Erstickt alle Rebellion im Keim! Richtet daher schnellstmöglich jeden einzelnen Aufrührer, alle Aufständischen und insbesondere auch alle wahrheitsaussagenden Personen als angebliche Ketzer hin! Und magisch begabte wie kreative Personen oder auch generell unliebsame Menschen sowie vor allem auch alleinstehende Frauen einfach so als böse Hexen! Richtet sie alle hin, tötet sie, vernichtet sie alle!

Und vernichtet auch all die aufklärenden Bücher als unbrauchbaren, gar giftigen Müll! Verbrennt all dies ganz schnell auf dem Scheiterhaufen – dem Ort der endgültigen Vernichtung von allem, was zu Anstand und Moral, zur Wahrheitsfindung und zur Weltoffenheit sowie zur Förderung der Selbstentfaltung, zur Freiheit aller Menschen und zu einem würdevollen Leben für einen jeden hätte beitragen können. Nicht, dass noch Recht und Gerechtigkeit in der Welt zu keimen beginnen ... Und sogar den einfachen Leuten dann ja auch noch Wohlwollen widerfahren würde.

Das geht aber ganz und gar nicht! Das soll und darf nämlich nicht sein! Denn das wird von der Obrigkeit überhaupt nicht gewünscht.

Daher bloß keine Bildung fürs breite Volk! Das Volk bzw. die einfachen Leute bloß nicht aufwecken, bloß nicht wachrütteln! Nicht, dass sie noch zu wertvollen Erkenntnissen gelangen. Nicht, dass sie noch die wirkliche Wahrheit über die Welt herausfinden. Sonst geht den Leuten ja noch ein Licht auf. Sonst wird es noch hell in der Welt. Dann fangen die einfachen Leute ja noch an, Ansprüche zu entwickeln und geltend zu machen. Dann kommt es sicherlich zur Revolte … und die Zustände kehren sich um! Dann lässt sich bestimmt fast niemand mehr von der Obrigkeit schikanieren und drangsalieren. Dann wird sogar die ganz große Jagd auf die Obrigkeit gnadenlos eröffnet, um endlich Licht ins Dunkel zu bringen. Damit diese sehr schlimme, dunkle Zeit des Mittelalters endlich ein Ende nehmen soll! Und eine hoffentlich bessere, hellere Zeit für das Menschenwohl in der Menschheitsgeschichte beginnen bzw. ihren Anlauf nehmen kann. Und sogar auch den einfachen Leuten ein Leben in Würde möglich werden darf und sie ein viel besseres Wohlergehen erlangen können. Diese Wende sehnt das Gros des Volkes sicherlich zutiefst herbei, wünscht, aufzubegehren und die Obrigkeit zu stürzen. Der Obrigkeit die Hölle so richtig heißmachen, ihre absolute Macht und ihren Anspruch auf Alleinherrschaft infrage stellen und letzten Endes sogar ganz brechen, damit das Volk der einfachen Leute sich endlich erheben und aufleben kann. Doch genau das, diese Wende, soll ja nicht passieren! Das, diese Rebellion, soll unbedingt verhindert werden. Daher doch bloß keinen Ansatz von Macht fürs Volk! Und schon gar keine Bildung! Schließlich fängt mit Wissen Macht an. Und Machtstreben führt nur zum Geltungsbedürfnis und zum Aufbegehren. Dann beginnt es, im Land gewaltig zu brodeln …

Daher bloß keine Bildung und erst recht keinen Zugriff auf die Macht für die große Masse der einfachen Leute. Bloß nichts anbrennen lassen, bloß keinen Aufstand zulassen! Sonst kommt es ja zur Revolution und zum Umsturz sowie zum ganz großen Umbruch. Dann kommt es nämlich zu einem ganz neuen Weltbild! Und es bricht eine ganz neue, neuartige Zeit an …

Juliane Barth, *Jahrgang 1982, lebt im Südwesten Deutschlands. Sie schreibt als Hobby seit jeher sehr gerne, u. a. Gedichte, Kurzgeschichten und Sachtexte. Veröffentlichungen in diversen Anthologien: https://sacrydecs.hpage.com.*

Rot wie die Liebe

Augsburg war eine kleine und schöne Stadt im Herzen Bayerns. Anna lebte sehr gerne dort. Sie liebte es, durch die Straßen zu schlendern, um die Brote ihres Vaters zu verkaufen. Sie war immer höflich und darauf bedacht, ihren Eltern keine Schande zu bereiten, auch wenn es Anna manchmal schwerfiel.

Sie lief Richtung Jakobstor. Bevor sie dort an eine Tür klopfte, versuchte sie, den Dreck von ihren Kleidern abzuschlagen. Schnell richtete sie ihre blonden Haare und atmete tief durch. Mit den Fingerknöcheln berührte sie kräftig das Holz. Kurz darauf vernahm sie schwere Schritte, dann wurde ihr die Tür geöffnet.

„Hallo ..., Anna", sagte der Mann zu ihr.

Durch seinen dunklen Bart konnte sie die geröteten Wangen sehen. Seine dunkelbraunen Augen waren auf sie gerichtet. „Hallo, Ulrich." Sie hob ihren Korb. „Ich bringe deine Bestellung."

Er saugte hörbar den Geruch ein. „Es riecht wieder köstlich."

„Ich werde es meinem Vater ausrichten."

Er bat sie mit einer Geste hinein. Nickend folgte sie der Aufforderung und trat in die Küche. Den Korb stellte sie auf den Tisch und holte die Backwaren heraus. Er nahm sie ihr ab und jedes Mal, wenn sie sich dabei berührten, sahen sie sich an, hielten inne und wandten sich mit hochrotem Kopf ab. Anna mochte Ulrich, aber sie war sich seiner nicht sicher. Ihm ging es genauso. Schon seit Langem klopfte sein Herz schneller, wenn er an sie dachte. Er würde gerne um ihre Hand anhalten, doch wusste nicht, was sie darüber empfand. Denn etwas erzwingen wollte er nicht.

„Weißt du schon, wann du wieder etwas brauchst?", fragte sie leise.

Am liebsten hätte er gesagt: „Ja, morgen", doch das würde einen Überfluss an Lebensmitteln bedeuten, dem er nicht gerecht werden konnte. „In ein paar Tagen womöglich", sagte er.

Sie nickte. „Sag einfach Bescheid, wenn du es weißt. Morgen bin ich bestimmt auch in der Straße."

Er lächelte sie an. „Darauf freue ich mich." Als er merkte, was er gesagt hatte, wurde sein Kopf noch roter.

Sie erwiderte sein Schmunzeln. „Ich mich auch."

„Wirklich?", wollte er wissen. Sie nickte leicht. Ulrich nahm all seinen Mut zusammen. „Anna, würdest du mich denn gerne auf dem Turnier treffen?"

„Sehr gern", hauchte sie erleichtert. „Morgen gegen Abend sind meine Eltern und ich auf den Festlichkeiten." Anna hoffte, dass er den Wink verstanden hatte.

„So sei es wohl."

Nun mussten nur noch ihre Eltern zustimmen – dann stand nichts mehr zwischen ihnen. „So sei es wohl", wiederholte sie und nickte dabei. Sie trat durch die offene Tür hinaus. „Einen geruhsamen Tag wünsche ich dir, Ulrich."

„Dir auch, Anna."

Sie lächelte und ging weiter zum nächsten Kunden. In Gedanken war sie aber bei Ulrich, und sie freute sich auf den morgigen Tag.

Auf dem Ritterturnier hatten ihre Eltern und sie einen Stand aufgebaut, um ihre Brote zu verkaufen. Zahlreiche Menschen waren auf dem Platz, und sie versuchte, Ulrich zu erspähen. Es wurde immer später und sie stets trauriger.

„Anna", hörte sie auf einmal seine Stimme.

„Ulrich", hauchte sie erleichtert, als sie ihn erblickte. „Einen schönen Abend wünsche ich dir."

Er lächelte sie an. „Dir auch." Sie sah zu ihren Eltern, die ihn musterten. Er wandte sich an sie, nahm seinen Hut ab und begann, ihn zu kneten. Er wirkte sehr nervös, genauso wie Anna. Immer wieder sah sie zwischen ihm und ihren Eltern hin und her.

Er räusperte sich. „Ich bin gekommen, um Ihnen mitzuteilen, dass mir Ihre Tochter am Herzen liegt, und erbitte Ihren Segen."

Anna nickte, ihr Herz klopfte wie wild in ihrer Brust.

Ihr Vater trat vor, seine Mimik ließ nichts durchblicken. Kurz betrachtete er seine Tochter. „Es ist nicht das richtige Umfeld, um so etwas kundzutun. Aber dennoch lehne ich ab."

„Vater", keuchte Anna und begann zu weinen.

„Ich habe ...", begann Ulrich zu reden.

Ihr Vater hob die Hand und unterbrach ihn damit. „Sie ist dem Sohn des Schultheiß versprochen."

Anna schüttelte den Kopf. „Nein." Allein der Gedanke an den älteren Mann ließ ihr übel werden. Er hatte absolut nicht das, was sie an Ulrich mochte. Dieser Mann war dicklich, alt, hatte fettige, lange, helle Haare und kleine, hellbraune Augen. Er war immer grob zu ihr und achtete nicht darauf, wie sie sich fühlte. Sie widerte es schon an, wenn er sie nur leicht berührte. „Das kannst du nicht wollen", rief sie aus.

„So ist das schon seit Jahren abgemacht. Dir wird es dort gut ergehen." Er packte Anna am Arm und zog sie vom Stand weg. „Und jetzt sei still und mache deine Arbeit."

Sie hörte ihren Liebsten nach ihr rufen, das gab ihr Mut. „Aber ich fühle mich zu Ulrich hingezogen."

Nun griff der Vater ihr an beide Oberarme. „Er ist gegen den Sohn des Schultheiß ein armer Schlucker. Ich werde nicht zulassen, dass du unter deiner Würde einheiratest." Anna wusste, dass es damit kein Rütteln mehr an der Sache gab.

Als sie tags darauf traurig durch die Straßen lief, um die Brote zu verkaufen, wurde sie auf einmal ruckartig in eine kleine Gasse gezogen. Erst wollte sie schreien, doch eine Hand legte sich auf ihren Mund und sie hörte Ulrich sagen: „Ich bin es. Bitte nicht schreien."

Erleichtert sackten ihre Schultern nach unten. Als er ihren Mund freigab, drehte sie sich zu ihm. „Ulrich", sagte sie und begann zu wimmern. Sie wusste, sie sollte es nicht, aber sie konnte nicht anders und umarmte den Mann, dem sie ihr Herz geschenkt hatte.

„Oh, Liebste", flüsterte er und strich über ihren Rücken. „Ich wünschte, ich könnte etwas dagegen tun."

„Vater würde es nicht zulassen. Er hat gestern Abend schon ein Datum festgelegt, damit nicht noch einer kommt, hat er gemeint."

Er hob ihr Kinn. „Wann?"

„Beim nächsten Neumond."

Er schloss die Lider und wirkte verzweifelt. „Das ist nicht mehr lang."

„Ich weiß."

„Ich werde mir etwas einfallen lassen", sagte er.

Sie schöpfte neuen Mut. „Meine Hoffnung ruht nun darauf, mein liebster Ulrich."

Er legte seine Lippen als Versprechen auf ihre, und sie nahm diese Geste an. Sein Blick ging über ihr Gesicht. „Nun geh und lass dir nichts anmerken, liebste Anna. Wir sehen uns morgen wieder." Sie lächelte ihn an, küsste ihn schnell noch einmal und lief weiter die Straße entlang. Gerade könnte sie die Welt umarmen. Ihr Ulrich würde einen Weg finden und sie könnten zusammen sein.

Jeder Tag, den sie zum Verkauf der Brote durch die Straßen lief, war einer, in dem sie kurz ihren Ulrich sehen konnte. Für diese Momente war es, als könnte nichts ihre Welt erschüttern. Wenn er sie in seine starken Arme nahm, wollte sie die Zeit anhalten. Die flüchtigen Berührungen ihrer Lippen waren eine Liebkosung ihres Herzens.

Doch ihr Glück währte nicht lange. Anna wurde aus Ulrichs Armen gerissen und ihr Liebster wurde auf das Pflaster der Straße gedrückt. Sie weinte und schrie seinen Namen. Auch als der Sohn des Schultheiß und ihr Vater ihr körperliche Schmerzen zufügten, war der Verlust und das Unwissen, was mit ihrem Liebsten passieren würde, schlimmer.

„Sei doch vernünftig", sagte ihre Mutter, als sie ihre Tochter wusch. „Er ist eine gute Partie, er hat Geld und kann dir ein schönes Leben bieten, nicht so wie dieser ..." Sie schüttelte sich.

„Ulrich ist Schmied", zischte Anna, „und er hat den gleichen Stand wie Vater."

„Aber nicht so wie der Sohn des Schultheiß. Sein Stand ist besser, das ist gut für dich."

„Lieber lebe ich in der Gosse mit Ulrich als mit diesem Mann!"

„Du kannst froh sein, dass er dich überhaupt noch will. Gibst dich einem Hallodri hin wie ein Flittchen."

Anna presste ihre Kiefer aufeinander. Am liebsten hätte sie ihrer Mutter einiges an den Kopf geworfen, doch sie wusste, dass ihre Mutter sie nicht verstehen würde.

Als ihr Vater ihr den Korb mit den Broten gab, war sie erst verwundert, dass sie den Verkauf machen durfte. Doch dann wurde ihr klar, dass Ulrich eingesperrt war und es niemanden mehr gab, der gegen den Schultheiß sprechen würde.

„Oh, die Brote riechen sehr gut", sagte eine Frau, die aus einer Seitenstraße kam. „Darf man eines kaufen?"

„Sicher", meinte Anna und ließ die Frau einen Blick auf die Ware werfen.

„Komm morgen bei Sonnenuntergang zum Turm", flüsterte die Frau und tat, als würde sie die Brote genau begutachten. „Mein

Mann arbeitet als Nachtwächter, er bringt dich zu Ulrich.“ Anna starrte sie an. „Ich nehme dieses hier.“ Die Frau hob einen Leib nach oben. „Wie viel kostet er?“

„Ist es wahr und kein Hinterhalt?“

Sie lächelte Anna an. „Ihr liebt euch, das muss man verteidigen.“

„Nehmen Sie das Brot mit, als Dank.“

Die Frau reichte ihr trotzdem ein paar Goldstücke, auch wenn Anna sie nicht annehmen wollte.

Ihr Vater schlief früh, wie es für einen Bäcker normal war. Ihre Mutter saß strickend am Kamin. „Ich würde gerne meine Füße in den Lech stecken, geht das?“ Ihre Mutter nickte und Anna lief los. Es war schon dunkel, als sie an dem Turm ankam.

Eine Nachtwache musterte sie. „Verkaufst du Brot?“

Langsam nickte sie. „Ich wusste nicht ...“

„Komm schnell, bevor dich jemand sieht“, sagte er und ging in den Turm. Sie eilte hinterher. Stufe für Stufe roch es immer mehr nach vergammeltem Fleisch, Urin und anderen Hinterlassenschaften. Sie hielt sich die Nase zu und ihr tat Ulrich noch mehr leid.

Die Nachtwache blieb stehen. „Ulrich, du hast Besuch.“

„Anna“, vernahm sie schwach die Stimme ihres Liebsten. Als sie ans Gitter trat, begann sie zu weinen. Das Licht der Fackel ließ kaum Spielraum erkennen, wie verletzt er war. Vertrocknetes Blut klebte an seinem Bart, seine schönen Augen hatten eine blaue Schattierung, und überall waren Krusten. „Anna“, sagte er wieder und strich über ihre Wange.

„Ulrich“, wimmerte sie.

„Alles wird gut, vertrau mir.“

„Aber ...“

„Vertrau mir.“

Sie schloss die Lider. „Das tue ich.“

Die Nachtwache räusperte sich. „Wir sollten gehen.“

Ulrich nickte, zog Anna an die Gitter und gab ihr einen Kuss auf die Stirn. „Geh mit Klaus und halte nach Sarah Ausschau.“

Erst wollte Anna fragen, wer das alles sei, doch als die Nachtwache loslief, wurde ihr klar, wen er meinte.

Immer wieder sah sich Anna die Tage danach um, ob sie die Frau entdeckte, aber nichts geschah. Sie bog zu einem Hof ein, den sie noch nie betreten hatte. Schwer klopfte sie an die Tür. Als diese aufging, sagte Anna: „Guten Tag, ich soll die Bestellung abliefern." Die alte Frau musterte sie und ließ Anna eintreten. Am Tisch stand eine weitere Frau. Anna erkannte sie als die, die ihr die Nachricht überbracht hatte.

„Sarah?", fragte sie nach.

„Ja." Sie nahm sie in den Arm. „Gute Nachrichten, heute Nacht werden wir Ulrich befreien." Sie zeigte auf das Brot im Korb. „Das ist für die Flucht."

Traurig schloss Anna die Lider. „Heute Nacht ist Neumond, ich werde niemals heute herauskommen können."

Sie zuckte erschrocken zusammen. „Wir werden eine Lösung finden. Sei einfach bereit."

Anna nickte und reichte ihr die bestellte Ware. „Ich will nicht die Frau dieses Mannes werden."

„Wirst du nicht." Sie hob ihr Kinn. „Spiele gut, wir werden kommen und dich befreien."

Anna umarmte Sarah. „Danke."

„Gerne. Und nun geh."

Schnell eilte Anna nach Hause. Auch wenn sie nicht glaubte, dass es wahr sei, wollte sie hoffen.

Zu Hause war viel los. Fremde Frauen brachten sie in ein Haus. Sie wusste, es würde ihr neues Heim werden. Nein, kein Heim, nur ein anderes Wort für ein Gefängnis. Und sie befürchtete, dass niemand kommen würde, um sie zu befreien. Gefühllos ließ sie die Prozedur über sich ergehen. Je näher die Zeremonie rückte, desto mehr schwand ihre Hoffnung. Ihr war zum Weinen zumute.

Traurig sah sie in ihr Spiegelbild. Jetzt waren es nur noch ein paar Minuten, bis die Zeremonie der Trauung begann. Die Tür ging auf. Anna erkannte am Gewand, dass es eine Frau war. Sie wandte ihren Kopf ab, als diese sich hinter sie stellte. „Denkst du, dass du bereit bist?", fragte sie.

Anna hob ihren Kopf und erkannte Sarah. „Du bist ..."

„Pscht", machte sie und hob den Finger an die Lippen.

Anna schluckte.

„Spiel mit."

„Nein, bin ich nicht", sagte Anna laut, „aber was getan werden muss, muss getan werden."

Sarah zwinkerte ihr zu.

Anna folgte Sarah, die zur Tür ging, den Flur entlang. Überall standen Wachen. Weiter liefen sie in eine Küche und zu einer Tür. Im Hinterhof stand ein Gespann. Ein Mann sprang vom Bock und hielt den Frauen die Hand hin.

„Schnell", sagte Klaus.

Anna und Sarah setzten sich auf eine Bank. Nach einem kurzen Ruck rollte die Kutsche los und die Hufe klapperten auf den Steinen. Immer schneller fuhren sie.

„Brrrr", sagte Klaus auf einmal.

Anna sah hinaus. Sie waren an einer Mauer angekommen. Nicht unweit, wusste sie, war ein Tor. Das Licht einer Fackel warf einen unruhigen Schatten auf die Umgebung. Aber den Träger erkannte Anna sofort. „Ulrich", rief sie aus und sprang aus dem Wagen. Schnell lief sie zu ihm. Er ließ die Fackel fallen und drückte sie an sich.

„Bist du bereit?"

„Egal wohin, mit dir immer."

„Geht schnell", sagte Klaus und reichte Ulrich die Zügel zweier Pferde.

„Danke euch", meinte Ulrich und hob ihm die Hand hin.

„Gerne. Und jetzt beeilt euch, sie werden bald merken, dass ihr nicht mehr da seid."

Ulrich half Anna auf ein Pferd und nahm das andere.

„Zwei Tage müssten das Essen und das Geld reichen", erklärte Sarah zu Anna.

„Wir schreiben uns", beharrte Anna.

„Bis bald." Klaus gab Ulrichs Pferd einen Klaps auf den Po. Wiehernd lief es los. Anna hatte Mühe, sich festzuhalten, als ihres dem anderen hinterhergaloppierte. Sie beide durchquerten das Tor und ritten in ihre gemeinsame Zukunft.

***Luna Day** entdeckte ihre Liebe zum Schreiben durch Harry Potter und Rollenspiele. Heute begeistert sie mit einer bunten Mischung aus Kindergeschichten, Fantasy und Romance.*

Rätselspaß: Entfessle deinen Geist!

Alarmstufe Rot:
Rätsel für kluge Brandbekämpfer
ISBN: 978-3-96074-847-2

Rätselgrill:
Scharfe Fragen für heiße Köpfe
ISBN: 978-3-96074-848-9

Tüftler-Rätsel:
Denksport für pfiffige Heimwerker
ISBN: 978-3-96074-849-6

Rätselbiker:
Coole Fragen für heiße Motorradfahrer
ISBN: 978-3-96074-855-7

Rätselgarten:
Kniffliger Denksport für grüne Daumen
ISBN: 978-3-96074-852-6

Katzen-Knobelei:
Rätselspaß für clevere Katzenliebhaber
ISBN: 978-3-96074-856-4

Schrauber-Rätsel:
Kniffliger Ratespaß für Autofreaks
ISBN: 978-3-96074-846-5

*

Taschenbücher, 140 Seiten
von **Nanja Holland** im Buchhandel, bei
Amazon und unter
www.papierfresserchen.de

Heimat erleben
Geschichten erzählen

Neue Anthologiereihe öffnet Türen zu literarischen Schätzen Deutschlands

Die neue Anthologie-Reihe „Heimat erleben, Geschichten erzählen“ widmet sich der Vielfalt des literarischen Lebens in Deutschland. Mit 41 deutschen Regionen und vier Großstadtmetropolen im Mittelpunkt, wie beispielsweise dem Schwarzwald, dem Siegerland, der Lüneburger Heide, der Uckermark, dem Harz, der Sächsischen Schweiz oder den Städten Hamburg und München, stellt diese Reihe das reiche kulturelle Erbe, die vielfältigen Traditionen und die besonderen Charakteristika der deutschen literarischen Regionen heraus. Ziel ist es, eine Plattform zu schaffen, die Autorinnen und Autoren die Möglichkeit bietet, ihre Werke in einem breiten, literarischen Kontext zu veröffentlichen und so die literarischen Schätze der deutschen Regionen zu bündeln.

Literarische Reisen durch Deutschland

Mit dieser Anthologie startet ein neues Projekt, das dazu einlädt, das literarische Leben Deutschlands authentisch und kreativ zu erkunden. Schon in früheren Ausschreibungen wurden ähnliche thematische Schwerpunkte gesetzt, doch „Heimat erleben, Geschichten erzählen“ verfolgt nun das umfassende Ziel, die literarischen Stimmen der Regionen auf eine größere Bühne zu heben und zusammenzuführen.

Die Auswahl an Genres und Themen ist bewusst breit gefächert: Eingereicht werden können Erzählungen, Sagen und Märchen, Gedichte, Anekdoten, Mundarttexte, Historisches, Reiseberichte, Kurzkrimis, Fabeln, Legenden, Tagebucheinträge, Porträts, Lieder und Autofiktion – um nur einige zu nennen. Auch Bilder, historische Fotografien und Illustrationen sind willkommen, um die einzelnen Regionen noch anschaulicher darzustellen. Die Ausschreibungen sind für Schreibende jeden Alters offen, die Geschichten können unabhängig von der Herkunftsregion der Autorin oder des Autors eingereicht werden. Auch Mundarttexte sind ausdrücklich erwünscht, um die kulturelle Vielfalt Deutschlands authentisch einzufangen und den Charme der einzelnen Regionen erlebbar zu machen. Einsendeschluss für die Anthologie-Ausschreibungen ist der 30. Juni 2025.

Weitere Informationen unter

https://papierfresserchen.eu/heimat-erleben/

Printed in Poland
by Amazon Fulfillment
Poland Sp. z o.o., Wrocław

70685884R00085